做不尴尬的父母

家庭性教育150问

方刚 著

人民东方出版传媒
People's Oriental Publishing & Media

东方出版社
The Oriental Press

身体权与性骚扰

不去侵犯别人的身体权

性别气质，性别认同

色情品、性幻想及其他

父母出轨、缺席、家暴、离异、再婚家庭

近亲间的亲密

后记 ∕ 287

父母是孩子的第一任性教育老师

有一种说法："父母是孩子的第一任老师。"意思是父母对孩子的影响是巨大的。

同理，父母也是孩子的第一任性教育老师。

即使父母从来不和孩子谈性，也在进行着性教育。

为什么呢？基于两点：

1. 父母自身亲密关系的实践，就是性教育。父母之间的互动，任何一方的价值观、行为处事原则，都在潜移默化地影响着孩子，都是父母对孩子进行的言传身教。比如，父母之间是否有暴力，是否足够亲密，父亲是否参与照顾孩子，等等。

2. 面对孩子与性有关的提问，父母即使不回答，也是在进行性教育，只不过是错的性教育。让孩子觉得性是神秘的、羞耻的、不能言说的。而如果再以错误的价值观进行回答，那就是直截了当的"坏的性教育"了。

很遗憾，中国大多数的父母，每天都在做着这样的"坏的性教育"。"坏的性教育"的一个最大的特点就是用"规训"代替"教育"。简单地告诉孩子，这个可以做，那个不可以做，这就是规训。为什么说"规训"不好呢？因为：

1. 你认为对的，不一定真是对的，很可能是错的；你认为是错的，也许是对的。

2. 每个人都有主观能动性，你告诉孩子的，孩子不一定信，更不一定遵从。如果孩子正值青春期，就更可能不遵从了。

3. 即使孩子遵从了，他也不一定理解，他没有机会学习、思考，也就没有机会成长。

真正的教育一定不是简单的规训。教育应该促进受教育者的成长，而不是把教育者认为对的东西强加给受教育者。

于是，我提出了"赋权型性教育"。

赋权型性教育的目标是：在性与亲密关系方面，帮助受教育者具备选择做出对自己和他人负责任的行为的能力。

赋权型性教育的关键词是：增能赋权。

我们不再简单地告诉受教育者什么"对"，什么"错"，而是引导受教育者思考：一个行为选择的背后是什么，带给我什么好处或风险？我应该如何规避风险？如果规避不掉，我又该怎么办？

这就是增强受教育者能力的过程。

这才是真正的教育。

为什么绝大多数家长通常做的是"坏的性教育"？

因为以"常识"代替了专业知识。

性、性教育，在很多人的头脑中是一个非常简单的事情，是所谓的"常识"。

"我都当爸爸（妈妈）了，还不懂性？还不会做性教育？"当你这样想的时候，说明你可能真的不懂性和性教育。

我作为性学博士，从事专业研究30多年，对于性和性教育，我也只能说自己"懂了部分"。

性教育是一个专业，和物理学、天文学、园林学等专业一样，有自己的专业背景、专业理论、专业知识。估计没几个家长会对物理老师说："你应该按我说的方式讲物理学。"但是，总有家长对性教育老师说："你这样讲性教育不对。"

最好的父母，一定是学习型父母。

父母想当好孩子的第一任性教育老师，是需要学习的。

学习，从来都不晚。

只有当父母成为性教育的"准专业人士"，才有可能和孩子进行最良好的沟通，处理好孩子的性教育相关问题。

赋权型性教育主张性教育是人格成长的教育，所以，真正懂了性教育的父母会发现，当孩子的性教育问题处理好了，他成长中的许多问题也就处理好了。这必须是用增能赋权的方式，而不是"规训"的方式。

在从事性教育工作的几十年时间里，我收到过无数家长的提问。本书包含 150 个案例，让你真正了解自己的孩子，也真正了解什么是"好的性教育"。

最好的教育，一定是防患于未然的教育。所以，不要再问"性教育应该从什么时候开始"了，显然是越早越好。

你也可以成为孩子出色的"第一任性教育老师"，就从这本书开始吧！

性教育理念

引言

性教育，最关键的，是价值观的教育。

同样，做不做性教育，做什么样的性教育，背后也都有价值观。

不仅是性的价值观，还有关于教育的价值观。

并非所有的"性教育"都是好的。我们的生活中更多是"坏的"性教育。在我们的主流文化中，一个人的成长过程，就是被培养性的羞耻感和罪恶感的过程，这就是"坏的"性教育。

即使是专业的性教育工作者，也会持有不同的价值观，也有许多人进行"坏的"性教育。

国际上有几大性教育流派，一些内容、主张甚至是彼此冲突的。如何判断哪个流派是好的呢？一个重要的判断标准，应该是接受教育的青少年中的意外怀孕率、少女堕胎率、性病艾滋病感染率的高低。如果这三个指标都高，那这个性教育就失败了；如果这三个都低，就成功了。

人类开展性教育已经有一百多年了。一百多年来，人类积累了丰富的性教育经验。大量调查和研究显示，接受整合型性教育的青少年的上述三个指标是所有性教育模式中最低的。因此，整合型性教育也是被国际社会高度肯定的。

中国唯一本土的性教育模式"赋权型性教育"，便是基于整合型性教育提出的，致力于促进受教育者的成长，让受教育者最终具备对自己和他人负责任的能力。

所以，在对孩子进行性教育之始，在学习性教育之初，最重要的是先解决价值观的问题，找到"好的"性教育。否则，可能南辕北辙。"坏的"性教育，不如不做。

1 孩子 6 岁，真有必要进行性教育吗？

家长咨询：

我孩子才刚 6 岁，就有人劝我该对孩子进行性教育了。我觉得没必要，为什么要跟那么小的孩子刻意去谈性的问题呢？想当年，我到了十来岁才开始想性这事。我觉得还是顺其自然的好，孩子啥时候问到了，我就正面回答好了。不知道我这种想法对不对？

方刚回复：

 分析

1. 家长不主动积极地尽早开展性教育，背后的原因是有担心和顾虑，比如，担心孩子被"性唤起"，担心孩子"性早熟"之类的。

2. 很多家长对性教育有误解，以为只是性生理知识的教育。

 建议

1. 无论家长是否有意，家庭性教育早在孩子出生时就开始了。比如，是否和孩子共浴、同床，对孩子服装的安排，给孩子看什么样的童书，父母是否当着孩子的面亲密，父亲是否参与孩子的养育，夫妻之间关系是否和睦……这些都是性教育。家长需要做的，是将自己无意间进行的、非专业的性教育，提升到专业的水平，减少直至避免非专业性教育中的错误。

2. 家长说自己十来岁开始"想性这事"，应该是指"性爱"的事。但是，性教育不是关于"性爱"的教育，也不只是性生理知识的教育，而是涉及情感、身体、亲密关系、性别等诸多因素的教育，是促进孩子人格成长的重要组成部分。

3. 顺其自然地对孩子进行性教育，这没错。"孩子啥时候问到了，我就正面回答好了"，听起来也没错，但以家长在信中表达出的价值观，他们是做不到的，回答不可能是正向、全面、科学的，而且，也不能等到悲剧发生了，再去教育。孩子6岁，很可能早就有了性别意识，也从父母那里观察到亲密关系了，也从童书、动画片里了解到性别了，也有可能受到性骚扰，也有可能因为好奇好玩而性骚扰到别人。这时候，孩子不问，家长也得先教育了。

4. 这位家长可以先反思一下：自己不主动开展性教育的顾虑是什么？如果是关于语文、数学的知识，会迟疑不讲吗？我了解到一些家长担心"过早"的性教育将使孩子"性早熟""性唤起"，这些想法是毫无科学依据的。"性早熟"是生理问题，"性唤起"与否也不取决于知识的多少。好的、专业的性教育不会"诱发"性行为，只会使孩子更懂得对自己和他人负责任。所以，进行性教育的时候，要保证自己做的是专业的性教育。

2　为什么女儿从来没问过性问题？

家长咨询：

我女儿今年14岁了，她从来没有问过我们关于性的问题。没问过是否也不正常？我们应该怎么办？是不是要给她补课？怎么补？

方刚回复：

分析

确实有些孩子从来没问过家长关于性的问题，但这绝不等于孩子没有接触过、思考过性的问题。亲子关系对孩子是否和父母讨论性问题有着重要影响。性教育应该主动进行，不应该等着孩子来问。

建议

1. 没有问过，也是正常的。之所以孩子没有问过，可能是不好意思，可能是没有机会，可能是知道父母回避的态度，可能是亲子之间缺乏谈这个议题的气氛，也可能是从同龄人那里了解得足够多了。

2. 女儿没有问过性知识，不等于她没有接触过、思考过性的问题，更不等于她不需要接受性教育。对于许多青少年而言，同伴教育也是获得性知识的重要途径。特别是在信息如此发达的今天，我们有理由相信，一个14岁的女孩子已经"懂"得很多了。

3. 但是，通过非正规渠道获得的性知识，有时是残缺的，甚至是错误的，还可能是别有用心的"引导"。至少很难是我们主张的全面的、赋权的性教育，很难是包括人生观、爱情观、婚姻观、性别平等观念在内的性教育。

4. 应该进行"补课"，这才是负责任的父母要做的。性教育应该是主动的，不能总是被动地等孩子问。而且孩子正值青春期，不可能没有困惑，性教育机不可失。

5. 最简单的做法是送给孩子几本专业人士写作的性教育的书，更理想的做法，是送孩子参加性教育的青春营。总之要及时给孩子系统、专业的性教育。

3 我的性教育是不是太早了？

家长咨询：

前段时间我买了某位老师的性教育书给孩子看。我发现她看了之后，这段时间聊的话题都是书本上的内容，如猥亵、色情、强奸等。

她和我说，上学、放学一定要接送她，要不然她就会被人强奸的。我家孩子9岁半，请问我是不是太早给她看这一类的书籍了？

方刚回复：

分析

显然是那本书有问题。许多"性教育"的书，其实是性恐吓教育。

建议

1. 家长要调整价值观，想一想什么才是对孩子有好处的性教育，是增能赋权，还是恐吓威吓？好的性教育，永远都不早；坏的性教育，永远不要做。比如，恐吓式的性教育，就是坏的教育。但往往家长会很喜欢这类书，觉得可以"吓住"孩子，不让他们犯"性错误"，却不知道培养了孩子对于性的羞耻感、污名感，对他们未来的亲密关系影响更大。

2. 做些工作弥补孩子前期阅读带来的误导，告诉孩子，猥亵、色情、强奸……这些确实存在，但这只是与性有关的亲密关系中的极小一部分，性本身是美好的，不要因为极少数不好的东西，就对性和亲密关系感到惊恐。

3. 爸爸妈妈在现阶段可以接送孩子，给孩子安慰，但也要告诉孩子：强奸不是随处都在的，而且最终还是要学会自己保护自己，爸妈没有办法一直保护你。

4. 让孩子去接受全面的、增能赋权的性教育。

4 女孩子的性教育，和男孩子有什么不同？

家长咨询：

我看了您关于赋权型性教育的论述，非常受益。但是，男孩子和女孩子的性教育应该不一样吧？对于女孩子，也应该进行赋权型性教育吗？

方刚回复：

分析

性教育中最重要的内容之一，便是性别平等教育，反对性别二元划分、性别刻板印象的教育。所以，我们要十分警惕男女双重标准的性教育。

建议

1. 从性教育的专业观点看，女孩子和男孩子应该接受一样的性教育。如果说有些不一样的地方，就是乳房护理、经期护理这些女生独有的生理现象，对女孩子应该讲得更详细一些。性教育理念则应该完全一样。

2. 您提出这个问题，是否说明您有一个观念：女孩在性方面是容易受伤的，性教育应该多教给她们自我保护。这种想法在家长中非常普遍，但是是有害的。在这样的理念下进行性教育，就可能更多强调防性骚扰教育，甚至出现"女性守贞"的教育、"警惕男人"的教育。基于性别的二元划分的性教育，可能打着保护女性的名义剥夺她们的权利，结果可能堕落为守贞教育、性别不平等教育。这其实是强化了女孩子的弱者意识，形塑了不平等的性别观，无助于为女性增能，甚至会影响她们未来的亲密关系。

3. 防性侵教育只是性教育中的一小部分。而且，男生、女生都可能受到性伤害，也都有可能伤害别人，应该接受一样的关于性侵犯的教育。

4. 赋权型性教育的重点是给孩子增能，女生和男生一样需要增能，要警惕以"女生更需要保护"的名义，对她们进行规训式的性教育。

5 我应该监视儿子的手机吗？

家长咨询：

我儿子初三，马上15岁了，爱好打篮球，身高183厘米了。他上学

有妈妈生孩子的拉页、拉便便的拉页，小家伙很感兴趣。书的第一页就是男女生的身体区别，让小家伙找不同，他很快就发现了。于是我也直言不讳地告诉他不同器官的名称。

但有一个问题，当我直言不讳地告诉他之后，他也会很坦然地把他知道的这些名称说给其他家庭成员或其他成年亲戚朋友听。但是，这些成年人的反应可能很不坦然，他们或异常惊讶，或做出其他一些负面的表情，或言语示意他不要这样说，说这些不好，等等。

宝宝会发现妈妈的态度和其他人的态度形成强烈对比。我该如何去跟孩子解释呢？

另外，我也很担心，现在整个社会对于性教育还是保守的。如果一个孩子在家里了解了很多性知识，未来在幼儿园、在学校说时，被老师训斥，怎么办？

方刚回复：

分析

1. 走在主流社会前面的时候，我们难免与其他人发生这样的冲突。但是，我们不应该怀疑自己的正确性，而应该引导别人一起成长。

2. 坚持自己认为对的事情，在和他人发生冲突的时候，学习处理冲突，这是在这个过程中可以学习的事情，也是应该学习的事情。

建议

1. 坦率地告诉孩子：社会上许多人对于和性有关的东西采取回避的

态度，会羞怯，甚至认为不好，这种观念是错误的，所以妈妈不对你进行这样的教育。如果有人因为这个而惊讶，是他们没见识；如果有人因此指责你，你就直接告诉他，你这样的性观念是错误的。

2. 这个过程中，帮助孩子了解社会上的不同价值观，懂得求同存异，懂得在面对和自己不同价值观的人时应该如何做，甚至在面对别人的指责和批评时如何做，等等。这也是非常好的人格教育。

3. 针对那些"异常惊讶"的人，家长可以和他们沟通：孩子坦然谈性是好事，你们应该肯定孩子哟。如果真有老师的表现不令人满意，也应该和老师交流，让老师意识到这是不对的，至少要注意方式方法。

4. 无论如何，不能因噎废食，不敢让孩子了解性知识。

7　女儿问我："什么是贞操？"

家长咨询：

一天，10岁的女儿忽然问我："妈妈，什么是贞操？"也不知道她是从哪里听到这个词的。

我懂得贞操观是封建落后的东西，是父权社会用来压迫女性的。但是，如果这样对女儿讲，会不会导致青少年"无羞耻感"？觉得性无所谓，甚至觉得和很多人做爱也无所谓？

我很困惑，不知该如何回答女儿。

方刚回复：

分析

1. 这位妈妈能够认识到贞操观是父权文化对女性的压迫手段，说明不是一个没有头脑的女性。但是，在对女儿的性教育问题上，她却迟疑了。这其实是中国许多父母的现状：自己并不保守，但涉及孩子的教育，便立即保守起来；既不认可传统的贞操观，又绝对不想孩子滑向"性自由"，同时自己也对性充满了说不清楚的羞耻感。

2. 这位妈妈有必要进一步厘清自己的性价值观，虽然她意识到了贞操观是不对的。

建议

1. 对一个 10 岁的孩子，肯定要先从词语释义切入，建议先查词典。词典上是这样解释的：贞操，坚贞不渝的操守、品行，是社会发展到一定阶段的产物。狭义上说，是某个历史时期对女性提出的婚前不失身、不破处女膜，婚后从一而终的性观念。这里要进一步解释一下处女膜的概念。也就是说，狭义的贞操观是指：女性应该"守贞"，第一次性生活应该跟自己的丈夫，要是跟不是自己丈夫的人有性接触，就是有"染"，就是"脏"了，"毁"了。

2. 基于人权和性别平等的考虑，妈妈应该引导女儿有这样的认识：贞操观是男权社会的遗存，等等。因为它剥夺了女性的身体自主权，认为女人是男人的附属，女人的性不属于自己，强化女性对性的负面认识，强化女性在性上是"弱者"地位的教育。所以我们要反对。妈妈还可以和孩子一起探索狭义"贞操观"的发展历史，开阔视野，推动孩子自己思考。

3. 反对压迫女性的贞操观，不等于鼓励女性"和很多人做爱"，反贞操强调的是女性的身体自主权。在赋权型性教育的理念中，教育者要做的是全面、真实地分享性的信息给受教育者，但尊重受教育者的选择。面对孩子的问题，妈妈应该将自己获知的真实信息告诉孩子，孩子长大之后的生活是她自己选择的，我们必须尊重孩子的选择，不能现在就将某种选择视为"无羞耻感"。每个人都拥有对自己身体的使用权，也可以拥有不同的性价值观。所以，赋权型性教育不试图强迫青少年形成一种"统一"的性价值观，恰恰相反，我们鼓励他们对不同的价值观要包容。我们只是对他们强调：每个人都应该做出对自己和他人负责任的选择，并且对选择产生的后果承担责任。

4. 同时，妈妈也可以告诉女儿：反贞操强调的是，每个人都有说"要"和"不要"的权利。"要"或"不要"，是你长大之后要认真思考的问题，无论你选择什么，都应该做到：自主、健康、责任。这种权利的教育，不仅将影响受教育者的性观念，也将影响其人格成长。

5. 妈妈也可以借机讲另一种"贞操"：每个人的身体是自己的，是不允许别人侵犯的，要保护好自己的身体，爱自己的身体，做自己身体的主人。这是防止性骚扰的教育。

6. 针对女儿"性自由"及"无羞耻感"的担心，妈妈可以自己思考一个极端一点的问题：自主的经历丰富的性，不自主但从一而终的性（近似贞操），哪一个是更值得提倡的呢？跟"羞耻"又有何关联？

8 老师骂我儿子："不知羞耻!"

家长咨询:

我儿子读初一。不久前,语文老师找到我,说课堂上,当她讲到一些词语的时候,我儿子会故意坏笑、起哄,全班就跟着他一起坏笑。比如,说到文章中"情节"发展的阶段中有"高潮"时,我儿子笑;说到古诗"停车坐爱枫林晚"时,我儿子也笑。这时全班就都大笑。

老师说:"他怎么不知羞耻呢?!"老师这样说,我很难受,但我也不知道该如何处理。

方刚回复:

分析

青春期的孩子对于性好奇、敏感、有联想,是正常的事。但是,如果确实是在课堂上"故意坏笑",间接影响了教学纪律,确实不妥。

这件事提醒我们:孩子们开始关注性了,性教育要跟上了。

建议

1. 先安抚孩子。老师骂孩子"不知羞耻",可能对孩子构成了伤害,家长可以支持孩子,告诉他是老师用词不当。老师指责孩子"不知羞耻",是老师的错。性原本就不应该是令人感到"羞耻"的一件事。认为性是"羞耻"的观念,才是最羞耻的。

2. 提醒孩子注意在公共场合的行为模式。上课时,他的笑在老师看来是破坏教学秩序。

3. 家长可以送老师一本书，让老师也了解一下性教育学科。同时，可以建议学校开展性教育，营造开放、坦然谈性的氛围和环境。类似老师反映的课堂上的情况，老师的正确做法是：不回避，停下来和同学们讨论为什么笑，讨论如何看待"性"，进而开展性教育。

4. 如果学校不能进行性教育，家长可以送孩子去专业的性教育机构接受性教育。当性话题不再是禁忌，孩子也就不会听到相关的词"坏笑"了，其他人就也不会跟着"大笑"了。

9　如何在不同的性教育理念间平衡?

家长咨询：

您所倡导的赋权型性教育理念，如增能赋权、性别气质多样性、尊重同性恋、不反对中学生恋爱等，似乎与目前我国性教育的许多观念是互相抵触的。比如，我们反对"早恋"、严禁青春期性行为、塑造淑女、抵制中性装扮等。

作为家长，我们应该如何平衡这种矛盾?

方刚回复：

分析

面对不同的性教育主张，家长有这样的困惑是难免的。我们没办法让所有人都知道我们的观点，影响成人的价值观更困难。我们只能尽可能地说清楚我们的主张。

建议

1. 首先要说的是，您列举出来的赋权型性教育的诸多倡导，并不是我个人的主张，而是国际性教育界的普遍主张，也是包括联合国在内的国际主流社会倡导的。

2. 性学领域一直是存在价值观冲突的，性教育也是一样。虽然我的主张和中国许多的性教育主张不同，但我也看到了越来越多的性教育工作者和家长们开始接受我所倡导的理念。对于不同的性教育主张，只要是真正为青少年好的，我都是尊重的。

3. 社会主流的价值观、理念，也是随着时代发展的，父母回想自己从小到大的生命历程，对此应该深有体会。

4. 我们每个人都有自己的知识局限，但是，如果想进行好的性教育，就应该学习专业知识，而不能仅靠自己的"想当然"或身边错误的价值观进行性教育。许多对立的理念是无法平衡的，您必须做出自己的选择。您选择的时候，至少应该基于不要伤害到孩子的原则。

5. 我并不强求家长都接受我的性教育观点，我只是希望您能以开放的心态，认真读我的书，倾听和思考我的主张。思考之后，您可能会有所改变，也可能会全部拒绝，这都没有关系，重要的是您思考过了。家长有权利选择自己的性教育模式，而且只有您选择了自己认可的性教育模式，才能够顺利地进行性教育。

10 做错了性教育，来得及改吗?

家长咨询:

我的孩子现在 13 岁了，以前接受的性教育是相对保守的，是您所讲的那种回避型的"性教育"。听了您的讲课，看了您的书，我知道自己错了，怎样才能把他引领到阳光下呢?

总觉得像讲数学题那样拉他正襟危坐地谈性教育，也挺怪的。

方刚回复:

分析

在我的性教育讲座后，经常有家长问这个问题。问这样问题的家长非常勇敢，他们是真正的学习者，在学习中成长了，有勇气否定过去的自己，这距离给孩子好的性教育已经不远了。

建议

1. 很感动于您的勇气，但我想您也不必过于担心。孩子并不只是从父母这里学习性知识，所以，您以前回避的态度并不一定会给孩子造成了什么伤害，最多只是失去了一些促进孩子全面成长的好机会。孩子刚进入青春期，现在家长改变态度，来得及。

2. 从现在起，用正确的理念、正确的方式，进行正确的性教育就可以了。

3. 如果以前真的向孩子传达过非常错误的观念，现在可以特意更正。

告诉孩子：我也在成长，我意识到以前错了，所以这次改了；你以后如果在学习、交友中，发现自己以前错了，也要勇敢地改正。如果现在的性教育中涉及和以前讲的有冲突的地方，那么您可以坦然地"自我暴露"，这样，性教育就又延伸为人生的教育了。

4. 性教育可以像讲数学题那样"正襟危坐"地谈，但是，我们更主张家庭性教育要自然、随意。比如，可以通过日常生活中的事来进行性教育。遇到与情感、婚恋、性有关的公共事件，可以和孩子一起讨论。有时孩子不一定愿意参与讨论，那么父母可以在旁边聊天，实际上是说给孩子听，引导孩子。像这些年常见的媒体上曝光的校园霸凌事件或校园性侵事件，这些就可以成为聊天和讨论的话题，一直延伸，就可以扩展到关于身体的权利、自我保护、责任与尊严、性的年龄标准、性的私密等话题。

11 我想和女儿讲性教育，又羞于启齿

家长咨询：

女儿小时候问过我，她是从哪儿来的，我没正面地回答她。

现在我知道了性教育的重要，想再来一次已经不可能了，孩子都快升高中了。

虽然现在我们母女关系不错，但是在性教育方面两人总是回避。我实在不知道从哪里找突破口，总觉得有些羞于启齿。

　　我很想跟她谈谈，如何在合适的时候、和合适的人可以发生性关系，如何保护好自己。可是，面对一个青春期的孩子，我怎么开口呢？

方刚回复：

分析

　　家长觉得性教育有必要，是好事。张不开口，说明准备还不够，需要进一步学习成长。不是所有的家长都能够进行性教育的。

建议

　　1. 正如您所说，在孩子的成长过程中，如果父母跟孩子之间对"性"是讳莫如深的，当孩子进入青春期忽然想聊聊性，想对孩子进行性教育，可能还是会羞于启齿。

　　2. 既然对性教育羞于开口，可以推测家长对性的价值观不是指向健康、快乐、幸福的；同时，性知识积累可能也不够。正确健康的性教育需要大量关于性的观念和知识的储备，临时恶补，不太可能立即转化成性教育能力。家长在准备好之前，可以先不做这件事。

　　3. 但是，自己不和孩子讲"性教育"，可以送几本专业人士写的性教育书给孩子，或者送孩子参加性教育夏令营，这也承担了家长的性教育职责。而且，在孩子读书、参加性教育营之后，家长再和孩子讨论性教育问题，也是一个自然的过渡，建立了谈话的基础。

　　4. 家长可以继续学习，做好准备，当能够坦然、开明、自信地谈性的时候，再"上岗"不迟。

12 儿子躺爸爸肚皮上，有问题吗？

家长咨询：

我的儿子 10 岁了，现在多了一个毛病，总爱躺在他爸的肚皮上，还要把他爸的衣服掀起来，脑袋直接挨着肚皮躺在那里。

请问，这是不是有问题呀？

方刚回复：

分析

家长对于身体、亲密接触的焦虑，已经到了如此地步，这才是最值得担心的。

建议

1. 我认为这是孩子和父亲亲昵的一种方式、一种游戏，是寻找亲情，建立安全感的表现。妈妈可以询问爸爸的意见，爸爸是不是觉得不舒服，如果爸爸认为很好，就没问题。父亲和孩子这样的身体接触非常普遍，即使是女儿和父亲，也不必大惊小怪。

2. 我觉得这是值得高兴的事情，说明父亲和孩子的关系好，愿意陪孩子玩，对孩子的成长是有百利而无一害的。

3. 成年人把身体接触看成可能是"有问题"的，这样的焦虑才是真正有"问题"。如果将这种观念带入对孩子未来的教育中，可能会给孩子带来很多伤害，所以家长从现在开始就要改变了。

13　我想送女儿去"女德班"

家长咨询：

我的女儿上小学四年级，今年交上了男朋友。不知道女儿交男朋友是因为好奇，还是攀比。因为女儿的同班好友有个男朋友，那个好友经常跟女儿说那个男同学怎么抱她，怎么亲她。后来女儿也给自己找了一个。

有一天，我在女儿的书包里看到了那个男孩子给她写的字条："老婆，我陪你过一辈子……"我立马疯掉了。后来了解到，俩人传纸条传得很疯。全家人都认为女儿是被好友带坏了，被那个男同学引诱了，要求女儿立马跟这些同学断绝来往。

今年，我们准备对她加强一些传统文化的教育，假期送她去参加"女德班"。不知道我们这样做对不对。

方刚回复：

分析

在有些家长看来，孩子恋爱是"学坏"，而没有意识到情窦初开是正常的成长。家长送孩子上"女德班"的想法很危险。孩子应该接受正确处理爱情的教育，而不是去女德班，女德班教的是反人性、反女性的东西。

建议

1. 孩子恋爱，并没有那么可怕，家长需要改变自己的观念，不要如临大敌。家长这样的态度，恰恰可能给孩子带来更大的伤害。

2. 孩子谈恋爱，可能有"榜样"的力量，但这也不是绝对的，重要的还是自己的选择。要追究同学的责任，让孩子断绝跟同学的关系，这不应该是家长解决问题的办法。

3. 简单的禁止，是很难有效果的，你不可能天天跟在孩子屁股后面监视孩子。家长需要做的是，跟孩子平等地讨论这份关系背后的意义，让孩子看清这份关系，知道自己要承担什么责任，让孩子学会对自己负责。

4. 家长很担心孩子以后怎么发展，于是让孩子学习"传统文化"，参加"女德班"，这事也做得有些南辕北辙。如果是那种强调女性"三从四德"的"传统美德"的"女德班"，很可能给孩子建构腐朽落后的性别观念，对她一生的成长都将是有害的。一个孩子的人生发展得好不好，不是由孩子几岁谈恋爱决定的，而是跟孩子有没有理想，有没有人生规划有关。所以，家长不如帮孩子树立人生目标，和孩子讨论以后的步子怎么迈。

5. 孩子应该参加的不是"女德班"，而是"性教育营"，学习如何处理情感。

14 残障孩子，也需要性教育吗？

家长咨询：

我的儿子15岁，是自闭症的孩子，智力等方面受了一些影响。我一直以为他是没有性欲求的。但是，最近看到他在沙发上摩擦身体，疑似自慰，我很担心。

我该怎么办呢？

方刚回复：

分析

不仅是父母，社会上很多人都假设残障孩子是"无性人"，忽视了他们的性欲求，自然也不会对残障青少年进行性教育。他们是少数，是弱者，但是在性教育中不应该忽视他们，包括不应该忽视他们的特殊需求。

建议

1. 无论是肢体障碍者，还是智力障碍者，都一样是有性欲的。他们的性欲更难满足，但他们并非注定是无性的一群人。对他们性欲的无视，将使他们失去接受好的性教育的机会。

2. 父母假设残障孩子"无性"，是性的污名在起作用。你的孩子已经不幸了，就不要再忽视他的性欲求了，就不要再限制他的性满足了。父母应该充分尊重孩子的性欲，让他们也有办法获得自己的性快乐。

3. 残障的孩子同样需要性教育，甚至更需要性教育。比如，智力低下，并不等于在性的成长发育与需求方面就低下，智力低下者甚至更可能成为性伤害的对象。有智力障碍和肢体障碍的孩子，在面对性骚扰时都更需要自我保护能力，需要对其进行特别的性教育；有智力障碍的孩子，也更难理解性游戏的意义，以及对自身可能带来的伤害，家长也需要把这些知识和技能教给他们。

4. 对残障孩子的性教育，在内容上不仅应该涵盖普通孩子性教育的所有内容，还要增加针对智力障碍孩子的独特内容；在方法上则要针对孩子特点，让孩子能够听懂、理解、做到，比如，可以通过图片等启发他们，让他们知道如何自我保护，避免受伤害；还可以反复重复教学内容，帮助他们理解和强化。总之，对残障孩子的性教育更需要费一番心思。

15   如何对残障的女儿进行性教育？

家长咨询：

我女儿今年 14 岁了，刚开始来月经，我想给她解释月经的原理，有关卵巢、输卵管、子宫等方面的常识。可是她左眼一级盲，右眼二级盲，基本上看不见东西，当然就不能看到书上的人体解剖图了。我该怎么让她具体生动地认识这些人体内部的器官呢？

方刚回复：

分析

对残障者的性教育，需要教育者有不仅性教育的知识和技能，还需要有残障教育的知识和技能。

建议

1. 触摸会更生动直观，让孩子用手触摸，是非常可行的方式。可以由值得信任的、孩子亲近的人，直接触碰孩子的身体，告知器官位置；也可以通过演示，进行防性骚扰教育；还可以请老师教给家长，家长回去教孩子，手把手地让孩子了解身体。

2. 家长还可以找一些跟性器官的大小、形状类似的物品回来，甚至找一些塑料模型也行。比如，让孩子摸桂林米粉，告诉她这跟输卵管粗细差不多，然后用雪梨示范子宫，剪下一段自行车内胎示范阴道，用大杏核示范卵巢。

3. 您有意识地对孩子进行性教育，非常好，但不应该仅仅是月经等生理知识的教育。许多家长将残障的孩子想象成是没有性欲的，这是错误的。残障孩子同样需要全面的性教育。

对身体的好奇

引言

人类最先认识的就是自己的身体。

人类对自己身体的好奇天经地义。

所以，父母总是在孩子还不会说话时便已经教给他们认识自己的身体了。这就是在满足孩子最自然的好奇心，帮助孩子从认识自身开始，认识世界。

但是，孩子对于和性有关的身体好奇，却被回避和压制着。其结果，是阻碍了孩子的成长，在孩子内心潜移默化地培育了关于性的羞耻感。

这种对与性有关的身体好奇的回避和压制，是基于我们以性为羞、为耻的价值观。这种价值观，才是最可耻的。

自然地谈论身体，像面对其他身体问题一样面对与性有关的身体问题，是家长对孩子进行好的性教育的第一步。

1 孩子询问男女身体差异，怎么办？

家长咨询：

我女儿5岁多，可她提出的问题总是让大人很难回答，比如，"为什么幼儿园里的男孩子会有小鸡鸡"。我总是胡乱回答一通，我知道这样做不对。现在我家老二也2岁多了，是个儿子，我知道总有一天他也会问我这些问题，我该如何回答孩子们这种关于男女身体器官差异的问题呢？

方刚回复：

分析

1. 孩子只是对身体差异感到好奇，很正常。

2. 父母不应该对性、身体有羞耻感。因为我们把性看作一件特别的事情，一件"见不得人"的事情，所以我们才会在回答孩子的问题时躲躲闪闪。性器官像任何人体器官一样，都是我们身体的一部分。如果家长向孩子介绍性器官时，用平静的语气、神态，就像介绍胳膊、手的功能一样，就能够从小培养他们对性的平常心。

建议

1. 买一本有男女正面裸体的性教育画册，或者干脆自己画一幅人体的正面裸体像，给女儿和儿子看，讲给他们听。

2. 通常，妈妈有丰满的乳房，爸爸没有，这是因为妈妈要给宝宝喂奶，所以才有。男人和女人的身体是不一样的，男人有阴茎，而女人虽然没有阴茎，却有阴道和子官，它们藏在身体里面。所以，男人和女人虽然器官不同，但都是平等的，谁也不比对方更优越一些。

3. 告诉孩子关于身体的隐私部位，以及自我保护的知识。这既满足了他们的好奇心，也借机进行了防性骚扰的性教育。

4. 家长要学习性教育，这样才能在今后孩子提到这些问题时自如应对，做一位合格的家长。

2　女儿追着看我的身体，怎么办？

家长咨询：

我是一名 3 岁女孩的爸爸。有一天，我在房间换衣服，在我只穿着三角裤，还没来得及穿外裤的时候，我女儿突然进屋了。我立刻转过身去，女儿还是追着我，跑到我跟前，盯着我的裆部看。我急急忙忙把裤子穿起来。几天来，想起这个事情，我一直觉得很不好意思。

后来几天，当我在浴室里洗澡的时候，女儿会趴在门口想偷看。虽然我知道玻璃是磨砂的，孩子看不到里面正在洗澡的我，但我仍然感觉不自在。

最近女儿总在我要换裤子的时候，追过来找我，我把门锁起来，她就在门口敲门和大闹。我该怎么办？

方刚回复：

分析

1. 家长的咨询暴露出了焦虑。许多家长都有类似的涉及孩子性教育的焦虑。与其焦虑，不如学习正确的家庭性教育知识，改变观念。

2. 女儿的行为只是对异性身体的好奇，家长的焦虑助长了她的好奇。女儿进房间，正换衣服的爸爸突然转过身，这个举动反而激发了女儿的好奇心："爸爸在躲什么？"后来当然试图看爸爸洗澡了，她只是对爸爸的身体好奇。爸爸越回避，越不让看，她越好奇，所以就会有敲门和大闹的举动。

建议

1. 孩子对于身体（包括异性身体）的好奇心应该得到充分满足，这是最基本的性教育。理想的做法应该是，父母和孩子从小共浴，让孩子在最自然的环境下了解异性的、成年人的身体。成年人应该坦坦荡荡地告诉孩子男女的生理差异，就像了解夏天和冬天的差异一样，没有什么需要遮遮挡挡的。

2. 具体到这对父女，以前没有共浴经验，现在让爸爸和女儿开始共浴，他显然没有准备好，所以也不必勉强。可以找一本男女裸体画册，或者干脆自己画图，给孩子讲解男女生理差异，满足孩子的好奇心。

3. 同时告诉孩子：爸爸不想让你看我的身体，这是我的身体权，你也应该尊重爸爸。

3　儿子跑进幼儿园女厕所，怎么办？

家长咨询：

幼儿园老师告诉我，我儿子对女厕所很好奇，经常跑进去看一眼。别的男孩子也有总想进去看看的，但都是在门口探头探脑的，只有我儿子会跑进去，每次跑进去都引起大家哄笑。最近一次跑进去，他还蹲下身子看正在小便的女生的阴部。

老师很担心，让我们管一管。

方刚回复：

分析

1. 小男孩对女厕所好奇，比较常见。小女孩同样可能对男厕所好奇，只不过她们没有说出来。异性厕所是禁止进入的地方，自然会引发好奇心，想知道里面是什么样子的。对于异性阴部的好奇，也是正常的。

2. 跑进女厕所引起哄笑，被同学们关注，更激发了他"跑进去"的热情。

建议

1. 利用图画给孩子讲解男女的生理差异，包括男女阴部的差异，满足他们的好奇心。告诉他男女小便的差异，性器官的差异，排尿口位置的不同。

2. 告诉孩子：男孩子只能进男厕所，女孩子只能进女厕所，如果走错了，别人会笑话你连"男""女"都不认识。

3. 建议老师在幼儿园组织一次参观异性厕所的活动。带领男孩子参观女厕所，女孩子参观男厕所，满足他们的好奇心，但进去之前要先确认里面没人，参观之后要告诉孩子们：今天是为了满足大家的好奇心才带大家参观的，厕所是进行私密活动的场所，平时进入异性厕所可能触犯法律。

4. 借机进行性别意识的教育。厕所空间体现着性别不平等，男女厕所占用的空间通常一样大，但男厕所因为可以安装小便池，实际空间的使用率远远高于女厕所。所以，全世界都存在女厕所门前排队、男厕所进出自如的情况。通过参观厕所思考公共空间设置上的性别不平等，启发孩子们的性别意识，事半功倍。

5. 针对蹲下身子看女生阴部的行为，家长要告诉孩子：别人身体的私密部位，未经许可不能去看，这是侵犯别人身体自主权的行为。

4 儿子围绕阴茎的那些困惑

家长咨询：

儿子 5 岁，上幼儿园，有一天问我："我的小鸡鸡和爸爸的不一样，为什么？为什么爸爸有毛毛，我没有？"

我很尴尬，不知如何回答。

过了几天，儿子又问我："我的小鸡鸡比小朋友的小，怎么回事？"还曾问过我："为什么女生没有小鸡鸡？"

我该如何回答这些问题呢？

方刚回复：

分析

孩子问的都是很简单的生理知识，家长不应该感到困惑才对。家长之所以困惑，是因为自身对性和身体的羞涩感、羞耻感。

建议

1. 家长只有更新观念，坦然面对性、身体，才能在未来对孩子坦然地进行性教育。

2. 性教育中，建议家长使用专业词汇，不要使用身体的"外号"。比如，不要使用"小鸡鸡"，要使用"阴茎"。

3. 坦然、真实地回答孩子的问题：你的阴茎和爸爸的阴茎不一样，因为爸爸是大人，你是孩子。你长大后，阴茎就会发育，和爸爸的越来越像。你进入青春期之后，阴茎周围就会长出阴毛。

4. 针对阴茎比小朋友小的问题，可以这样回答：你的阴茎比某个小朋友的小，是因为每个人的发育程度不一样，脑袋也有大有小，脚也有大有小，阴茎有大小的差别很正常。没有什么可担心的，有的人长得晚，有的人长得早。而且，有的人大一些，有的人小一些。这些都是正常的，对身体不会有任何影响。未来充分发育后，你的阴茎可能就不小了。无论大小，不必自卑，也不必自负。即使小，也没有什么，大小不重要，重要的是健康。

5.针对为什么女生没有阴茎的问题，可以这样回答：女生没有阴茎，因为男女身体器官不同，但女生有阴道。

5 儿子和别人比阴茎大小

家长咨询：

我的儿子16岁，有一次我和他上公共厕所，他竟然去看旁边人的阴茎。事后他和我说，是想看看自己的是不是太小了。

这是性无知吗？我该怎么教育？

方刚回复：

分析

属于性无知。但是，青春期男孩子开始关注自己阴茎的大小是很常见的现象，可以借此时机进行专业的性教育。

建议

1.告诉孩子：看别人的私密部位是不礼貌的，有的时候甚至会被认为是性骚扰和性侵犯，所以不应该看别人的私密部位，自己的也不应该让别人看。

2.阴茎的发育是一个持续的过程，有时候20多岁还会发育。不勃起的时候，从根部算起来只要有三厘米，就算正常，几乎所有人都能达到三厘米，勃起之后至少会增长一倍以上。

3. 阴茎长短粗细，并不是很重要的事情，不会影响未来的性生活。一个人最重要的是专注自己的学习，成就一番事业，那才是他增加魅力的重要途径。

6　姐姐故意让弟弟看自己的乳头

家长咨询：

我女儿 5 岁了，儿子 1 岁半。这些天发生了一件让我头疼的事。女儿换衣服的时候，老是让弟弟在旁边看着，故意让弟弟看到自己的乳头。弟弟就会指着啊啊叫。然后姐姐就跑，弟弟就追。我问姐姐为什么要这样。她说她就是喜欢让弟弟追着跑。

我该怎么办呢？怎样跟他们说呢？是不是需要姐弟俩分开来说呢？还是不管他们，这事自然会过去？

方刚回复：

分析

1. 家长的焦虑，源于过多从性的角度看姐弟之间的行为。5 岁女孩的乳头和 1 岁半男孩的乳头有什么区别吗？

2. 我怀疑这位妈妈对身体一直采取回避的态度，或者说过姐姐的哪些部位弟弟不能看。过早地给孩子灌输了这些观念，所以姐姐才会逗弟弟，弟弟才会追姐姐。对于姐弟来说，这可能只是一种玩耍的方式，但这正是一个进行性教育的机会。

建议

1. 询问女儿"故意"给弟弟看乳头的用意，询问儿子看到姐姐乳头时为什么会指着叫。他们对此的理解可能完全与性无关。

2. 姐弟俩一起洗过澡吗？爸爸妈妈跟孩子一起洗过澡吗？应该一起洗澡，这样孩子会发现两人身体的不同。孩子问什么问题都是天经地义的，家长直截了当地告诉孩子就行，身体没什么秘密。

3. 提醒孩子们追跑时小心，不要摔伤。除此之外，没什么需要谈的，更不需要分开谈。

4. 家长要不断学习和成长。如果家长关于身体的观念、态度和思想仍然保持现在这个状态，是不适合跟孩子沟通的，而且以后还会有更多的性教育问题出现。

7 儿子看到妈妈换衣服，大笑

家长咨询：

儿子 7 岁，妈妈换衣服时开始回避儿子。

一天，儿子偶然间碰见妈妈换衣服，夸张地大笑说"内裤"。

他这样说是好奇吗？我们该做点什么？

方刚回复：

分析

孩子之所以这么兴奋，可能恰恰是因为妈妈曾很刻意地不让他看到自己换衣服，让他觉得这是禁忌的。所以，意外看到，触碰了禁忌，让他感到兴奋。

建议

1. 父母换衣服时被孩子意外撞见了，不要躲躲闪闪，最自然的表现就是继续换，该干什么继续干什么。越紧张，越回避，越是对孩子的负向强化。

2. 孩子夸张地大笑着说"内裤"，家长就可以问一下他：为什么觉得好笑呢？为什么会这样大笑着说呢？很可能是家长以前传达过"内裤是私密、不能看"之类的观念，如果是，孩子大叫"内裤"也就不奇怪了。如果不是，也可以借机了解孩子对"内裤"在意的原因是什么。

3. 可以借此机会对孩子进行性教育，大大方方地跟孩子说：看到家人换内裤不是什么值得大惊小怪的事，身体、内裤只关涉身体自主权，并不是神秘的。

4. 父母可以借机培养孩子的隐私观念，当然要先通过性教育满足孩子对身体的好奇。隐私教育不是告诉孩子就完了，家长要亲身做到保护好自己的隐私。告诉孩子，看到不该看的要装没看见，不让别人尴尬，不应该大喊大叫。

8 儿子说："小鸡鸡会立起来"

家长咨询：

儿子 9 岁了，他爸爸每天看电视里的摔跤比赛，有男生比赛，也有女生比赛。儿子和我说，他不能看女生比赛。我问为什么？儿子说："看女生比赛，我小鸡鸡会立起来，不舒服。"儿子还问我这是为什么。

他这生理反应太早了吧？

方刚回复：

分析

孩子对于异性身体已经有了性的想象，从而产生了性兴奋、性唤起，但是他自己还没有意识到这二者间的关系。

建议

1. 勃起早在婴幼年时期就可以了。每个孩子的性意识觉醒的时间都不一样。9 岁孩子有这样的生理反应，也是正常的，不必过虑。在与孩子交流中，使用"阴茎"这一专业词语代替"小鸡鸡"。

2. 孩子对性无知，对自己的身体反应不明所以。家长可以很坦然地和孩子聊：你看到女生比赛时会关注她们哪些地方呢？从而让孩子意识到，这就是性吸引与性唤起。告诉孩子：有了性吸引，就可能出现性幻想，阴茎勃起就是性幻想的表现。

3. 勃起时感到不舒服，可以去想想别的事情，转移注意力，阴茎很快就会疲软了。

4. 建议孩子爸爸参与到对孩子的性教育中。关于勃起，爸爸可以分享自己的体验。

5. 进而借此机会进行更全面的性教育。告诉孩子进入青春期后，身体发育迅速，激素分泌旺盛，夜勃、晨勃、遗精、自慰都是很正常的事，告诉孩子要"悦纳"自己的这些身体变化，没有必要感到羞耻，同时注意"私密"和"安全"。

9 13岁的儿子当着客人的面大叫："我长阴毛了！"

家长咨询：

家里正好有客人，13岁的儿子突然从厕所里跑出来，大叫："妈妈，我长阴毛了。"客人直笑，弄得我们十分尴尬。

方刚回复：

分析

1. 这事表明孩子平时不把身体当作禁忌的话题，这种对身体的态度值得肯定。但有客人在场，还是要照顾到别人的感受。

2. 客人笑，也可能是善意的，家长不需要感到尴尬。

建议

1. 对孩子说：太棒了！长阴毛说明你进入青春期了，是大孩子了！很高兴你和爸爸妈妈坦然地分享这些变化。

2. 客人走后，和孩子说：客人和我们的观念可能不一样，也许会觉得公开谈论这些私事是对他们的冒犯。所以，我们要区分出有些事是不宜当着家人以外的人谈论的。

10　儿子看到裸体画大呼小叫

家长咨询：

儿子 12 岁，最近一次全家出去旅游，儿子看到宾馆房间挂的女性裸体画，立刻大呼小叫，说太不好意思了，要求服务员拿走。

我们应如何做？

方刚回复：

分析

孩子的表现，显示他没接受过好的性教育，可能也没看过异性的裸体，对身体和性有羞耻感。当然，他也有可能是在家长面前显示自己的"纯洁"。

建议

1. 这是一次很好的进行性教育的机会。家长可以告诉孩子：人体是美的，不需要不好意思。我们每个人的身体器官都是平等的，都不需要为之感到羞怯或羞耻，裸体本身不是不好的。这幅画是艺术品，不是色情品，我们都可以欣赏人体的美。这些理念的分享也会使得孩子放下"装纯洁"的意图。

2. 了解孩子从何处培养了对于裸体如此敏感的态度，以及对于身体的羞涩或羞耻感，有针对性地纠正孩子错误的认知。今后的日常生活中，增加性价值观的正面引导。

3. 适当地对孩子进行全面的性教育。现在孩子已经进入青春期了，青春期性教育的内容都要涉及了，不能仅局限于前面事件的补课了。

11 儿子在学校很"色情"

家长咨询：

我家孩子9岁，男孩儿，在学校和同学打闹，互弹阴茎，聊天时说"胖男生的乳房比妈妈的都大"之类的话，还让同桌男生看自己的阴茎，等等。

老师找到我们，就这件事告状，说"你家孩子在学校很'色情'"。

我们做家长的，应该怎么办？

方刚回复：

分析

1. 青春期的孩子可能会对第二性征格外感兴趣。父母要正确引导孩子认识性器官，通过正确的途径学习性知识很重要。

2. 老师不应该给孩子贴上"色情"的标签。

建议

1. 作为家长，收到老师的告状先别着急质问和批评，心平气和才能给予孩子正确的引导。孩子出现的这些情况，都是基于对性、身体的好奇，是正常的表现。

2. 找到孩子的优点，赞赏他，然后自然地导入：同伴之间对于性器官有好奇心很正常，但要注意做好保护，比如，弹阴茎有可能损伤阴茎组织。

3. 告诉孩子性器官是个人隐私部位，要学会保护我们的身体权，不应该给别人看。刻意给别人看、弹别人阴茎，都可能会被视为性骚扰。我们要做一个文明守法的孩子。

4. 要尊重同学，以嘲笑的口吻谈论别人的身体是不好的。

5. 向老师建议：在学校开展性教育。如果学校做不到，就尽可能进行家庭性教育。如果家长感觉没有能力进行性教育，可以送孩子参加专业的性教育活动。

对生命与性的好奇

引言

对性的好奇，与对身体的好奇一样，是自然而然发生的，甚至可以视为对身体好奇的一部分。

对于孩子"性好奇"的处置，最重要的还是家长的价值观。如果家长内心觉得性是不应该坦然谈论的，或者担心孩子了解太早太多是"不好的"，那么，在处理孩子性好奇的时候，往往无法简单地满足他们的好奇心，反而会加重他们的好奇心，培养他们关于性的羞耻感，甚至罪恶感。

如果家长能够平常地看待性，孩子问什么说什么，这就是非常简单的一件事。

对孩子的性教育，应该强调当事人，即孩子本人的主体地位，即他要求知道什么，便告诉他什么，而不是我们习惯的"成人主体"，即成人总在想孩子是不是应该知道。孩子询问其他领域的知识，家长通常不会羞于或耻于回答，为什么涉及性的求知时，就不行了呢？

关键的一点是：我们应该相信性是一件美好的事情，相信对性知识的了解只会使孩子成长，不会使孩子"变坏"。当然，这是指在赋权型性教育的专业技能得到充分应用的情况下。

对性的好奇，也可能引发孩子们的性游戏。性游戏是年龄相仿的孩子们之间自愿发生的，如果有孩子是被迫参加的，或者是成年人对孩子进行的，就不是性游戏，而可能构成性骚扰或性侵犯了。性游戏属于孩子们的性探索，不应该被污名化。但是，在一个对性普遍污名化的社会中，性游戏也可能被污名化，甚至成为孩子们成长过程中的一个阴影。这是需要尽量避免的。

1 孩子问：我是怎么钻到妈妈肚子里的？

家长咨询：

我家孩子 6 岁了，开始问："我是从哪里来的？"我告诉他是从妈妈肚子里来的。我这是实话实说，比我爹妈当年一会儿说从河里捡来的，一会儿说从地里刨出来的好多了吧。

可是，他接着又问，他是怎么钻进我肚子里的。我瞎说是从肚脐放进去的，他明显地将信将疑，还好没再追问。

我这样回答孩子对吗？不对的话，怎样回答才好呢？

方刚回复：

分析

1. "我是从哪儿来的"是性教育中的一个经典问题，不同年龄的孩子可以用不同的方式回答。比如，两三岁的时候问，通常上面的回答就可以了。但许多孩子到了四五岁，对上面的回答就不满意了，就需要家长进一步深入回答了。

2. 无论怎样，实话实说是非常对的。您不告诉孩子，孩子早晚也会从其他渠道知道，那时，就没人给他分享性爱的原则了。所以，如果父母害羞、回避，不实话实说，就错失了一次重要的进行性教育的机会。

建议

1. 先找来一套男女正面的裸体图，然后介绍身体差异：男人和女人的身体是有区别的，这是男人的性器官，叫阴茎；这是女人的性器官，叫阴道。

2. 继续实话实说地讲过程：爸爸和妈妈很相爱，所以我们就渴望在一起亲热，拥抱、亲吻。爸爸有阴茎，妈妈有阴道。我们亲热的时候，爸爸就将自己的阴茎放进妈妈的阴道，过一会儿，就会有精液射出来。这个过程叫做爱。精液里面有很多精子，精液进入妈妈的身体后，精子与卵子结合，形成受精卵。受精卵在妈妈身体里一点点长大，10个月后，宝宝就出生了。

3. 再分享原则：这个世界上绝大多数的人认为，做爱应该是发生在两个相爱的人之间的、彼此自愿的事情，而且是长大之后再做的事情。如果有一个人不自愿，另一个人强迫他做，就是犯罪，会受到法律惩罚；如果这两个人不相爱，他们做爱就是这个社会上绝大多数人反对的行为，要承担很多的风险；做爱是要相互承担责任的，所以多数人会认为，应该在长大了、成年之后，能够承担责任时再做。比如，万一有了宝宝，自己能够抚养吗？

4. 进一步和孩子讨论："你可以和小朋友做爱吗？"无论孩子说"可以"还是"不可以"，都要问他"为什么"。引导他认识到：在你这个年龄，身体还没有发育好，不应该尝试这件事，否则很可能对你和别人造成身体和心理上的伤害。讨论的时候再反复强调原则："成年""彼此相爱""彼此自愿"。

5. 再分享爱："婴儿出生之前，在妈妈的子宫成长，子宫就是孩子的'宫殿'。你就住在那'宫殿'里面，住了10个月，然后就出生了。

妈妈为了生你付出了很多辛苦，爸爸照顾妈妈，也非常辛苦。爸爸妈妈都因为你的到来而开心、幸福。"

2 儿子要和妈妈接吻，怎么办？

家长咨询：

我是孩子的妈妈。有一天，6 岁的儿子忽然问我："什么是接吻？"我不知道怎么回答，回避了。后来，儿子看了电视上的接吻镜头，要和我接吻。我更晕了。怎么办？

方刚回复：

分析

1. 孩子的问题很简单，家长之所以不知所措，是因为她内心对亲密关系抱有着羞怯、回避的态度。

2. 孩子要和妈妈接吻，也是因为孩子还没有理解不同的吻的含义，给他讲清楚即可。

建议

1. "什么是接吻？"直接回答：接吻是两个人表达亲密情感的一种方式，是嘴对嘴、舌头对舌头的吻。

2. 孩子要求和妈妈接吻，告诉他：不同的关系，表达亲密的方式不同。在我们的文化中，孩子和妈妈之间，通常是吻额头、面颊，有一些父母和孩子会有唇对唇的吻，但通常不会是舌头参与其中的吻，这和情人间的吻是不同的。接吻，是成年的、相爱的人在彼此愿意的情况下发生的。这是一个学习亲密关系表达、学习责任的过程。

3. 如果家长准备充分，可以和孩子进一步讨论接吻的原则，这其实也应该归结到我们倡导的性爱三原则上：自主、健康、责任。

3 3岁女孩儿模仿做爱动作，怎么办？

家长咨询：

我侄女马上3岁了，她的洋娃娃玩具总是被脱光衣服，有时她会和洋娃娃做出和人做爱的动作。

我现在担心她激发了性意识，会带来伤害，该做些什么来避免？

方刚回复：

分析

1. 这类游戏本质上是小孩子对于身体、性的好奇与探索。

2. 有可能孩子从某些渠道看过裸体、性爱的举动，所以才会模仿。

建议

1. 自然地和孩子聊："你在做什么？从哪里看来的这些动作？"如

果是受到过性骚扰或性侵犯，会及时发现；如果是看了色情品，也会及时知道来源……知道孩子从何处学习来的，就可以采取相应的对策。

2. 最重要的：不要批评孩子。传统的父母可能会被吓坏了，训斥孩子。父母这样做，才会伤害到孩子，容易使孩子对于身体、性产生污名感、羞耻感、罪恶感。

3. 和孩子玩表演的游戏，成人拿着娃娃玩具，用娃娃的口气说话，比如："你脱我的衣服，我很生气。""没经过我的允许，不要碰我！"告诉孩子：玩具娃娃的衣服不能随便脱，自己和小朋友的衣服也不能随便脱，如果有人脱你的衣服就可能是性骚扰，要及时告诉爸妈。当然，医生给我们做正常的身体检查不是性骚扰，等等。从多方面培养孩子防范性骚扰、性侵犯的意识。

4. 家长不必担心"激发性意识"。孩子们原来便有"性意识"，家长不必焦虑。重点是，培养孩子们关于性的正确价值观，比如赋权型性教育倡导的"自主、健康、责任"的原则。

4 7 岁的孩子，让父母演示做爱给他看

家长咨询：

我 7 岁的儿子，有一天忽然和我们说："你们能不能做爱给我看看？"我们当时都傻了。

方刚回复:

分析

孩子应该是从哪里听到了"做爱"这个词,并且知道是父母间做的事情,但是并不了解它的含义,所以才这样问。

建议

1. 问一下孩子,是从哪里听到"做爱"这个词的? 采取相应的策略。

2. 告诉孩子:做爱是很私密的事,不能让别人看,即使是自己的孩子也不能看。看别人做爱,也是不对的,因为那是窥视了别人的隐私。每个人应该从小学会懂得尊重别人的隐私,当然也要尊重自己的隐私,不要让别人看。

3. 用绘本给他讲解做爱是怎么回事,以及生命的来源。

4. 进一步和孩子分享性爱的原则:长大之后、相爱的人之间、彼此自愿的行为。

5 女儿看到父母做爱,哭了

家长咨询:

夫妻性爱时,忘了锁门,9 岁的女儿正好进来,看到了。她吓了一跳,站在那里,直愣愣地瞪了有五六秒钟,然后哭着离开了。我们也很慌乱，不知该如何应付。

请问，孩子看到父母做爱，会对她产生什么样的心理影响？父母应该做些什么来避免对她产生心理伤害？

方刚回复：

分析

孩子此前是否知道性爱这回事，影响着他们看到父母做爱后的心理反应。如果不知道性爱这回事，看到父母做爱，通常会感到害怕、惊慌。如果知道性爱这回事，并且受了"性爱不好"的价值观影响，孩子们通常无法想象父母会做这件事，如果看到，可能会感到羞耻。

建议

1. 孩子看到父母做爱，并不必然对她的心理造成负面影响。是否有负面影响，取决于他们如何看待这件事。父母做爱时被孩子看到，要停止做爱。如果孩子很震惊、恐惧，要安抚孩子的情绪，解释你们在做什么。像这个女孩子哭了，要温柔地询问她为什么哭。

2. 告诉孩子：这是父母在表达他们的爱，这叫做爱，不是爸爸或妈妈在欺负对方。做爱是美好的事情，不需要感到羞怯或羞耻。你将来长大了，遇到相爱的人，也会通过做爱来表达爱。但现在小，不要模仿，也不可以强迫别人做。

3. 做爱是私密的事情，不应该让别人看到，父母没有锁好门，是有责任的。告诉孩子，以后进入父母或其他人的卧室，要敲门。

6　父母可以当着孩子的面亲热吗？

家长咨询：

我孩子两三岁，请问当着孩子的面，我和妻子可以有亲密动作吗？比如，亲吻、拥抱。

如果现在可以，是不是孩子大些就不能再这样了？

方刚回复：

分析

在中国文化中，当着别人的面，即使是孩子的面，表达亲密情感都是不适宜的。但是，文化在不断变化。来信家长之所以问这个问题，也是因为想表达亲密，又不敢。

建议

1. 当然可以亲热，不管是现在，还是将来。但也有一个度的问题，当着孩子面的亲热应该是用来表达爱意的，而不是用来撩拨情欲的，比如，长时间舌吻、对敏感部位的爱抚，都是不宜的。

2. 相信你们亲热的时候也不会过分投入，忽视了孩子的存在，让孩子感觉自己是"灯泡"。

3. 这样做的第一个好处是孩子会收获安全感，因为孩子看到爸妈是相亲相爱的，家庭是和谐的、稳固的。

4. 第二个好处是孩子能学到如何建立亲密关系。亲密关系是特别而强烈的生命体验，是人生中最美好、最重要的财富之一。父母等于通过这种方式，递交给了孩子一份宝贵的财富。很多没看过父母表达亲密、关心和爱的孩子，在长大后跟相爱的人相处时，尴尬得很，不知道怎么表达爱意。

5. 如果孩子不理解你们的亲密行为，没关系，解释给孩子听：这是爸爸妈妈表达爱的方式。还有什么不理解的，尽管问，没必要藏着掖着。

6. 如果孩子要求用同样的方式和爸妈亲密，告诉孩子不同的人际关系，有不同的亲密方式。

7　女儿声称要和爸爸生孩子

家长咨询：

我老公喜欢开玩笑，让我女儿叫他"老公"，我觉得这样叫不好。

我们昨天和 4 岁女儿聊到生孩子的事情，我女儿说她以后要跟爸爸一起生宝宝。我和她爸爸都说不行，她就使劲哭，说她以后就是要跟爸爸一起生宝宝。我就一直说爸爸不是你老公，她说就是她老公。我老公现在也认识到不能跟孩子开这样的玩笑了。

但是，以后会不会对孩子有什么影响啊？

方刚回复：

分析

家长的玩笑，其实就是一种"性教育"，是一种让孩子对角色关系产生混乱的"性教育"。

建议

1. 理解女儿，女儿觉得和爸爸好，对爸爸有很强的依恋。孩子声称和爸爸一起生孩子了，是想独占爸爸的爱的一种表现。这是幼儿心理发展的正常呈现。家长不用焦虑，需要用知识进行引导。

2. 对女儿进行性教育，让孩子了解婚姻通常是基于两个无近亲血缘关系的人之间的爱情。孩子与爸爸的感情是亲情，不是爱情，父女之间的感情与夫妻之间的感情不是一回事。但是，爸爸对女儿的爱，女儿对爸爸的爱，同样深厚。

3. 父母要注意自己的言行，不可以再误导孩子了，给孩子清晰的角色概念。如果爸爸让女儿叫"老公"，妈妈却不让叫，孩子就感受到了妈妈要把她从爸爸身边拉开，而这个年龄段又是俄狄浦斯期，会有和妈妈"抢"爸爸的行为，所以处理不当就会伤害孩子。

8 儿子问我什么叫"戴绿帽子"

家长咨询：

我儿子9岁多，晚上临睡觉前问我："妈妈，精子是怎么找到卵子的？难道男的和女的互相看了一眼，就可以让精子卵子结合吗？"

他还说，听到其他同学说到"戴绿帽子"，问我是什么意思。

我该如何回答？

方刚回复：

分析

这类浅显的问题，家长都感觉回答困难，还是因为"谈性色变"的观念，没有做好对孩子进行性教育的准备。所以，重点是改变观念。

建议

1. 家长必须有进行性教育的意识。孩子不知道"戴绿帽子"的含义，还可以理解。但已经 9 岁了，还不知道"精子是怎么找到卵子的"，说明这个孩子接受的性教育非常滞后。

2. 性教育的重要原则是坦然地讲，实话实说。精子是怎么找到卵子的？阴茎插入阴道，射精之后，精子进入女性身体，与卵子相遇。互相看一眼、手拉手、拥抱、亲吻等，都不会使得精子和卵子相遇。同时，再强调一下阴茎插入阴道这件事，是长大之后、彼此自愿的时候发生的，不是现在做的。

3. "戴绿帽子"，也用同样的态度回答。这是一句俚语。伴侣双方，女方出轨，被视为给男方"戴绿帽子"。同时说：人类的亲密关系非常复杂，我们难以简单地评论所有的出轨行为，你将来长大之后，会形成自己的价值观。

4. 建议对孩子开展更为全面的性教育，如果家长做不到，就送孩子去参加专业的性教育营吧！

9 9岁儿子仍然迷恋乳房

家长咨询：

我儿子9岁了，至今很迷恋我的乳房。小时候要摸着入睡，早上醒来要亲亲，现在都这么大了，还是这样。

小时候都顺着他，现在大了，已经和爸妈分床了，但每次洗完澡都要撒娇和爸妈一床，要亲亲我的乳房。

我告诉他这是女孩的秘密，男孩子不能看不能动，可他不听，我只好"屈服"，说他"丢人"，他也觉得不好意思，但好像也觉得很满足。

一次带他去参加婚礼时，我发现他喜欢看新娘子的乳房，电视上出现一些性感美女，他也直勾勾地看。这样是不是不好啊？怎么办呢？

方刚回复：

分析

入睡时摸着乳房睡，早晨起来亲一亲乳房……孩子小时候就不应该有这些行为。现在要改变，面临困难。

建议

1. 孩子小的时候，父母应该有一个引导的策略，比如亲子共浴，一起洗澡、搓泥。男孩子刚开始可能对妈妈的乳房感兴趣，因为他没有；女孩子可能对爸爸的阴茎好奇，也是因为她没有。孩子好奇，就告诉孩子。孩子知道了，这对于他来说就不是秘密，不是奇怪的事了。如果这个孩子是这么长大的，他不会对妈妈的乳房如此迷恋。

2. 现在孩子已经 9 岁了，已经很懂事了，有些道理就得跟孩子说说了。妈妈应该明确地告诉孩子："乳房是一个人的隐私，我的身体我做主，我不想让你碰，你就不能碰。"就算孩子撒泼打滚儿，这个原则也不能破坏。不止乳房，就算是手臂，当一个人感到别人碰就不舒服时，都应该明确告诉他。这是尊重别人，也是让别人尊重自己。

3. 不应该说孩子的做法"丢人"，以免加剧他的羞耻感。可以告诉孩子"你这样做，我感到十分不舒服"，唤起孩子的同理心。

4. 不能因为孩子"不听"，家长就"屈服"，那样你将永远达不到目的。同时也给孩子一个很坏的教育：父母的标准是可以在我的坚持下改变的。这非常不利于培养规则。

5. 至于孩子喜欢看新娘子的乳房，喜欢看电视上的性感美女，这不是什么坏事。你看过动画片《蜡笔小新》吗？小新和他爸爸都爱看美女，做梦都想跟美女一起玩耍，但他们从来没有侵犯过别人，没有让别人不舒服过。看，可以，只要不是侵犯别人隐私的偷窥。一定明确告诉孩子：别人不允许，不能触碰。

10　参加性游戏后，她被嘲笑了很多年

家长咨询：

16 岁，高中一年级女学生 C。

家庭经济状况良好，独生女。父母均是商人，平时忙于工作，经常早出晚归，与她的沟通很少。

小学一年级住在伯父家养病时曾目睹过伯父的性生活，二年级因好玩而与一个年龄略大于她的男孩及两个略小于她的女孩一起玩过一次性游戏。

后来因为害怕别人知道说闲话，就再也没玩过。

再后来男孩子把性游戏的事告诉别人了，C因此经常被班上的男同学嘲笑，并给她取了很难听的绰号。

由于C是独生子女，父母又忙于生意，找不到人倾吐心中的苦闷，她曾想过自杀，但又觉得对不起父母，遂打消这样的念头。由于情绪一直低落，又没有找到合适的宣泄方式，C开始自慰。

上初中后，通过书籍了解了一些有关的性知识，害怕今后会得病，但依然沉溺于自慰所带来的暂时快感中。自慰次数频繁时每天一次，有时甚至一天数次。

常常做类似的梦：梦中的自己没穿衣服，到处寻求遮蔽物或藏身地点。C觉得自己是个坏女孩，害怕自己以前的事情会被其他同学知道，又时时担心现实生活中会突然出现梦里的情景。看到别的同学在谈笑时看向自己，就认为对方是在谈论自己，精神状况很差。

C有时上着课忽然起了自慰的念头，但怕同学发现，盼着早些下课回家。心理上认为自慰是有害的，因而常产生悔恨、紧张、害怕、多疑、自责等不良心理。但越是如此，越是沉溺于自慰之中，借自慰来释放自己的紧张情绪。

当身体有不舒服的情况出现时，C怀疑是过度自慰造成的，害怕以后体质变差，甚至会影响生育。

C急切地希望能通过咨询克服自慰的积习，咨询过程中反复询问自己的情况"是不是很严重""别人会不会也出现类似的情况"。

方刚回复：

> **分析**

性游戏被披露，男孩子没受到影响，女孩子却被嘲笑，体现了我们社会中典型的双重性道德标准。这是对女性的污名化，引发了当事人的心理问题。

> **建议**

1. 针对最后列出的C的两个问题，明确地告诉她："你的情况不严重，很多人都会自慰，这很平常、正常！女性自慰更正常。"

2. 告诉C：你自慰的频率一点都不多，完全不会有任何害处，你对自慰的担心是多余的。自慰不需要克服，你仍然可以用自慰来释放你的紧张情绪，很多人都这样做。

3. 告诉C：你小时候参与的性游戏，许多小孩子也都会玩儿，也是完全正常的，不是过错。别人嘲笑你，是他们无知与不对。

4. 从正规的渠道进一步接受性教育。

5. 如果有可能，请C的父母尽量多给C一些陪伴的时间，多关心C的成长。

同床、隐私

引言

　　孩子几岁时，应该和父母分床睡？这个问题经常被问到。赋权型性教育主张：睡到有一方感觉不舒服的时候。重点是，我们要思考：围绕分床的焦虑，背后是什么？

　　和分床一样，共浴、共厕这些话题，也没有一个标准的答案。我们既要尊重每个当事个体的主观感觉，也要尊重隐私权。

　　同样，隐私也具有很强的主观感受的成分。有人觉得属于隐私的部分，有人可能觉得根本不是隐私。关于隐私权的教育，要避免简单化和机械化，目的应该是增强青少年自我保护的能力。

　　赋权型性教育主张，性教育的目的在于增强受教育者的思考、判断、决策能力，而不是简单地告知其一个"标准答案"。这一理念，在此章探讨的话题中同样适用。

1　何时应该与孩子分床睡?

家长咨询:

我们听心理学的讲座,有老师说,孩子大了一定要和父母分床睡。有的说最晚六七岁要分床,有的说四五岁,还有说两岁就一定要分床,否则对孩子的性心理成长影响不好。

那么,最迟几岁一定要分床?

我儿子已经6岁了,我们强行和他分床了。但是,他每天晚上睡觉时都哭闹,要和我们一起睡。有时半夜醒了,他还会跑到我们房间,钻进我们被窝儿。

这时强行分开,是否会伤害孩子?

方刚回复:

分析

传统心理学的很多知识,都面临更新了。错误的知识,会误导家长,从而给孩子带来不必要的伤害。

建议

1. 所有关于几岁就应该如何的说法,都是不科学的。因为个体差异非常大,每个人的心理成长进程也不尽相同,想通过一个年龄线来机械地解决心理问题,太偷懒了,弄不好还会给孩子造成伤害。

2. 认为孩子和父母同床睡对孩子性心理成长不好的观念,一个前提假设就是，孩子因为同床可能接触到父母的身体，了解父母的身体，甚至看到父母做爱，又没有得到正确的引导。我认为，父母不应该和孩子同床睡觉的时候做爱，即使孩子睡着了，父母也应该换个地方做爱。而了解父母的身体，接触、拥抱父母的身体，是正常的亲子接触，不应该感到担心。同时应该对孩子进行关于身体、亲密接触的正常教育。

3. 小孩子都是喜欢和父母一起睡的，那是获得亲密感、安全感的一种渠道。强行分床，会让孩子产生"被抛弃"的感觉。有的孩子十几岁了，最快乐的时候还是早晨起来钻到父母被窝儿里。这是一种亲密感的学习与建立，应该视作好事。

4. 您的孩子夜里醒了，跑过来睡，可能是因为他害怕了。找个机会问问他：夜里醒来的时候是不是害怕？害怕什么？害怕的时候脑子里闪过什么念头？然后耐心地帮助他打消那个令他害怕的念头。

5. 有人说，和孩子分床睡有助于培养他的独立能力，避免过分依赖。这是有道理的，但是，独立精神与独立能力的培养，是许多方面共同作用的结果，只盯着分床是没用的，与是否分床睡也没有必然的因果关系。如果不分床睡会过度保护，别的方面就不过度保护了吗？就不会依赖了吗？只有睡觉才会产生依赖？

6. 一定有人会问：最晚何时要分床呢？没有绝对的标准，有一天一方感到不舒服的时候，就该分床睡了。会有那一天的。

7. 父母和孩子具有一样的权利，如果父母中一人觉得再同孩子同床共枕不舒服，那就应该分开。因为父母的感觉一定是有理由的，父母违背自己的内心感受，也不好。但是，我们主张父母先问问自己，是否受了传统心理学关于父母要早早和孩子分床睡的影响，才会有这样的感觉？

8. 父母决定和孩子分床睡的时候，也应该采取说服、劝导的方式，让孩子心悦诚服地接受，不能让他感到受伤害，感到被抛弃。其实做到这一点并不难，比如，给孩子讲成长了要自己照顾自己的道理，给孩子换全新的卡通床单、枕巾来"诱惑"他，等等。

2 姑姑搂着侄子睡，正常吗？

家长咨询：

姑姑丧偶了，帮助照看侄子（7岁）时总愿意晚上搂着孩子睡，而且不希望孩子回到妈妈那里，她这是什么样的心理？对孩子有什么影响？会不会造成孩子以后喜欢比自己年龄大的女人？怎样预防孩子被熟悉的人性骚扰？

方刚回复：

分析

当防性侵教育的话语过于强大之时，有些家长便会出现这样过度的敏感。带着这种敏感的状态养育孩子，很危险。

建议

1. 孩子7岁了，首先要看孩子的想法，是勉强愿意还是非常愿意，勉强就不要跟姑姑睡，非常愿意就可以跟姑姑睡。还要看孩子睡醒后的状态，是和往常一样，是不怎么开心，还是非常开心。与往常一样和开心都可以跟姑姑睡，如果不怎么开心，就尊重孩子自己的选择。

2. 很多小孩儿都和姑姑、舅舅亲，因为父母一般扮演严厉的角色，姑姑、舅舅一般扮演老好人，小孩既需要被严格教育也需要有一定的宠爱，这是很合理的。假如儿子喜欢黏着姑姑，姑姑也愿意带着侄子，没有问题。

3. 姑姑喜欢搂着侄子睡的心理很清楚：爱孩子。至于"不希望孩子回到妈妈那里"，具体是怎么表达的？听起来仍然像是难得一见侄子，渴望和他亲近。这对孩子的影响，只会增进彼此间的亲情，让孩子感到温暖和幸福。

4. 妈妈过于敏感，特意提及姑姑"丧偶"，暗示姑姑在性上"很寂寞"，从而担心她通过照看侄子以得到某种满足。除非妈妈有另外的证据，否则仅以抱着孩子睡觉做这样的推测，是对姑姑的伤害。

5. 妈妈还要反思自己内心是否有对于孩子的占有欲，担心姑姑替代部分母职，这份失落也会让妈妈不舒服，担心自己和孩子之间独特的亲密感被取代。建议妈妈通过其他的方式陪伴，增进亲子亲密感。

6. 年长的女性喜欢孩子，抱着他睡觉，并不一定会让孩子未来选择年长的女性。何况，喜欢年长的女性，也不是什么问题，许多年轻的女孩子还喜欢年长的男人呢。

7. 重点是，儿子才 7 岁，如果妈妈一直带着这样敏感的性态度看待孩子的人际接触，未来肯定会非常多地干涉孩子的生活，给孩子造成伤害。所以，建议妈妈多学习，改变自己的性价值观，不要杯弓蛇影。

8. 但是，前述这些，都不妨碍妈妈和孩子分享性骚扰的知识，增强孩子的自我保护能力。帮助孩子增强身体权意识，提升能力，这才是解决问题的关键。

3 女儿要和爸爸一起睡，怎么办？

家长咨询：

女儿从小就喜欢和父亲一起睡。

离婚后的丈夫每次来看女儿，或者女儿去看他，都和女儿睡在一张床上，说是为了弥补对女儿的爱，说是女儿这样要求他的。请问，这样对女儿的成长是不是有坏处？

女儿现在已经 11 岁了，还要和父亲一起睡。我觉得这样有些不对了，感觉不舒服。您曾说，父母可以和孩子睡觉、洗澡，直到有一方觉得不舒服。但现在是，他们两人看起来都很舒服，我这个第三方不舒服了，是否应该阻止他们一起睡了？

我该怎么和他们说？

方刚回复：

分析

1. 妈妈的担忧主要源于传统的避嫌风俗和担心孩子被侵犯。青春期的孩子和异性父母同睡，不符合亲子避嫌的主流传统习俗要求，可能会存在异性父母性骚扰子女的情况。

2. 凡事都要具体情况具体分析，评判一切事物是非对错的根本标准是是否侵害他人权利。亲子避嫌的传统习俗应当与时俱进。避嫌的根本目的是保护孩子的人权不受侵犯。因此，核心问题不是避嫌，而是孩子的人权是否受到侵害。

3. 异性亲子间表达爱意的一些身体接触，比如，拥抱、亲吻（不是舌吻）等，是正常的。为了亲子避嫌而违背当事人意愿去刻意阻碍，不利于构建良好的亲子关系。何时避嫌？有一方感到不舒服，就应当避嫌；如果没有，则无须避嫌。

4. 针对性骚扰的担心与恐惧正是来自大环境，所以更多的是希望通过教育让施害者变少，以免连累无辜者被当成施害者。

建议

1. 理解您的焦虑，毕竟女儿一天天在长大，身体在发育。而且作为离异的夫妻，前夫和女儿共眠时，您不在身边，您的潜意识里有对父女乱伦的担心，这也是可以理解的。但是，将所有男性都想象成性侵犯者，特别是将所有父亲想象成性侵犯女儿的人，是不对的。

2. 您可以这样想一想：如果是母亲陪女儿，或父亲陪儿子在同一张床上睡，我们是不是还会担心对孩子的成长有害处？如果有，说明我们是担心父母与孩子的亲昵和亲密会对孩子有害。我个人认为这种担心是多余的。如果没有，则说明您真正的担心是异性父母和孩子同睡，特别是父亲与女儿。

3. 无论怎样，我觉得您都不必太焦虑，更不宜直接干涉女儿和前夫的相处方式。总体来说，11 岁的孩子仍然是渴望和父母亲密相处的，特别是在难得一见父亲的情况下，共睡是可以理解的要求，是渴望和父亲亲密的心理使然，简单地在一张床上睡觉并不会影响孩子的健康成长。

4. 我建议您和前夫多做沟通，听听他的意见。也许他同意您的担心，那你们就应该一起面对。如果他觉得现在这样睡没什么不合适的，您也不妨倾听他怎么说，这应该有助于化解您的担心，有助于您对这件事有准确的理解。

5. 您说"女儿这样要求他的"，首先私下里可以和女儿沟通，女儿是否真正想要和父亲一起睡。离异家庭的孩子是更渴望父爱的，这也可以理解。最重要的是提供知识，增强她的能力，尊重她的选择。不能一刀切地认为女儿和父亲一起睡是不好的，要分析背后的原因，在日常生活中多加注意，保护好孩子的情感。

6. 同女儿交流，分享您对于父母和子女间亲密接触的看法，告诉女儿身体的界线在哪里，什么是性骚扰……让女儿学会处理自己的身体事宜，是最重要也最有效的保护孩子成长的方式。这种教育不应该是直接针对父女同床的问题，以免引起孩子的抵触。

7. 如果父亲觉得没什么，孩子也觉得没什么，所有觉得有什么的其他人都是自己的心里出现了对这一现象的评判，而这一评判都是带着个人价值观的。不能一看到同睡，就想到发生性行为。每个家庭都不一样，不是所有的家庭都需要避嫌。

8. 您也可以反思：离异是否对您现在的焦虑有影响？如果没有离婚，

您是否还会像现在这样担心？您在潜意识中是否将前夫看作潜在的敌人？当然，这只是一种自我反省，很大可能是不存在这些影响因素的。

4　儿子不愿意和家人一起睡，为什么？

家长咨询：

儿子已经读高中了，不愿意和家长睡一张床。但是家里来客人了，需要委屈一下都不愿意。怎么办？

方刚回复：

分析

家长求助的背后，很可能是一种委屈的情绪。表面上责怪孩子不通情达理，潜意识里可能因为儿子对自己的"排斥"伤心。

建议

1. 青春期的孩子抗拒和家长睡同一张床，是完全正常的，可以理解的。这不等于孩子内心与父母不够"亲近"。

2. 父母和青春期孩子相处中，要尽可能避免对抗，尊重他们的意愿，这是原则。

3. 建议有一人睡沙发，或者家里常备一张折叠床，或者干脆去宾馆住一夜。

5 妈妈带儿子进女浴室，可以吗？

家长咨询：

我是单亲妈妈，儿子 5 岁。我带儿子去游泳，游泳后要洗澡、换衣服，让这么小的孩子自己去男浴室和男更衣间，我想每位妈妈都不会放心。没办法，我只能带他到女更衣间。但有的女性就表现得很愤怒，指责我不该带男孩子进女浴室和女更衣间。5 岁的孩子能懂什么呢？难道让他自己去男浴室？我也很委屈。真的是我的错吗？

方刚回复：

分析

1. 妈妈带儿子进女性场所，包括女浴室、女更衣间，甚至女卫生间，引发冲突的新闻时有耳闻。我理解妈妈的无奈，特别是单亲妈妈。但是，也理解其他女性的感受。如何在这二者之间找到平衡，是我们需要考虑的。

2. 一个有意思的观察是：从来没有听说过爸爸带女儿出门，带女儿进男性空间（男浴室、男厕所）的，爸爸本身也会觉得女儿会吃亏，被看了，或是"被污"眼睛了。但是妈妈带儿子进女厕所，极少会觉得儿子会吃亏，这背后的性别差异，值得思考。

建议

1. 理解这位妈妈的感受，让 5 岁的孩子单独洗浴、更衣，很多家长确实不放心。

2. 也应该理解女浴室中其他女性的感受，毕竟这事涉及她们隐私和身体权，每个人的想法不同，她们有权利要求男孩子（无论几岁）离开。

3. 不主张用年龄作分界，如果说 5 岁不适宜进异性空间，那么 4 岁呢？3 岁呢？一样会有人觉得不舒服，所以，年龄不是问题的关键。

4. 不能因为孩子年龄小，就假定他"什么都不懂"，而且"什么都不懂"也不是侵犯女性空间的理由。每个孩子都有一个成长的过程，孩子独立上更衣室、卫生间这件事，父母只能是尽量早提醒孩子，教孩子独立处理此类事务的技能和认知。

5. 本着"儿童利益优先"的原则帮助孩子，把孩子带到女厕所、女更衣间。这时妈妈的态度便非常重要，是理直气壮还是饱含歉意？如果饱含歉意，进行解释，同时合理地挡住儿子的视线，不让他看到别人，比如只上厕所，上完就撤，估计也没有那么多人激烈反对。

6. 解决这一问题的根本出路，不能只靠"妈妈"，还需要社会不断完善公共设施，充分考虑社会成员的独特需求，增加家庭公厕、独立的淋浴间或更衣间，等等。

6 我这样的教育是否矛盾？

家长咨询：

孩子爸爸工作忙，我经常一个人带儿子出去玩，出门面临孩子上厕所的问题。他小的时候，我可以带他进女卫生间。他现在已经五六岁了，就感觉有些不合适了。但让他一个人进男卫生间，一是不安全，二是有些卫生间的悬挂式小便池太高（只有小便池，没有蹲位），他够不着。

有一次，实在没办法，就让餐厅服务员帮忙带进去了。事后想想又有些自我矛盾，因为我们一直教育他，不能让陌生人看到他的隐私部位。我做得对不对呢？

方刚回复：

分析

家长前期"不要让陌生人看到隐私部位"的教育过于简单机械，所以才会出现现在的烦恼。

建议

1. 所谓"不要让陌生人看到隐私部位"，目的是保护身体权，必要的身体触摸和观看，不属于侵犯身体权的行为。比如，上厕所的时候如果不是进单间，身边的人一歪头都可能看到阴茎，在公共温泉池里也可能看到全身，所以，家长前面的性教育过于简化，要更正。家长对孩子进行性教育的时候，一定要说清楚侵犯身体权和必要的身体接触之间的差别，否则就可能给孩子制造不必要的恐慌。

2. 具体到请服务员帮忙带孩子进卫生间，您做得非常对。其他的焦虑是多余的，服务员帮着带孩子进去，并不会盯着孩子的隐私部位看，这是两件事。

3. 我想，您的本意是想让孩子学会保护自己的身体，捍卫自己的身体权。那么，所谓"隐私部位"的说法也是不准确的。我们可以这样告诉孩子：你的身体的任何一个部分，都是受到法律保护的，如果有人触碰了你的身体，刻意注视你的身体，让你感到不舒服，都可能是侵犯了你的身体权，都要及时躲开，告诉爸爸妈妈。

7 女儿问：为什么模特儿裸露身体？

家长咨询：

我是孩子的爸爸。

10岁的女儿在商场卖内衣的专柜看到穿着内衣的模特儿海报，很不能理解，问妈妈："她们为什么要裸露自己的身体？只穿着内衣拍海报，这样不羞耻吗？不是不能让别人看自己穿内衣的样子吗？"妈妈之前教孩子时说过：裸露自己的身体是不对的，是羞耻的。

请问这个怎么破，怎么教妈妈调整过来，怎么正确地回复孩子？

方刚回复：

分析

前期"裸露身体是羞耻的"这一教育过于简单，以至于孩子无法区分特别的情境，而且看起来已经将身体本身污名化了。这就是简单的"规训"式教育的负面影响。

建议

1. 告诉孩子：裸露身体有不同的原因，不一定都是"不对的""羞耻的"，妈妈前面说得不准确，向你澄清和道歉。

2. 那些模特儿，她们裸露部分身体，是在工作，是为了让大家更好地欣赏和挑选内衣。还有一些是全裸体的摄影模特儿、绘画模特儿等，他们裸体是为了呈现身体的美，为了促进艺术创作。另外，病人有时需要向医生裸露身体，是为了看病。伴侣间有时会裸露身体，是为了向爱的人表达亲密。甚至还有一些人，喜欢在大自然中裸体，被称为裸体主义者。只要没有侵犯别人、伤害别人，裸露身体也是每个人的权利。

3. 裸露身体的权利，与要保护好自己的隐私是不冲突的。保护隐私也是每个人的权利，所以，我们通常不会在公共空间裸露自己的身体。

8 女儿问：隐私部位被看了，有什么后果？

家长咨询：

我的女儿快 8 岁了，我们这代家长挺重视孩子的性教育，她知道换衣服的时候要到自己的房间，也知道胸部和尿尿的地方是隐私部位，禁止触碰。

不过，这几天她一直问我："妈妈，屁股和胸部为什么不能露出来让别人看见？"我只好说："因为那是隐私部位。"她追问："隐私部位怎么了？看了会有什么后果？摸了会怎样？"

我回答不上来了。

方刚回复：

分析

如果我们的性教育只告诉"不可以"，没有让孩子真正理解"为什么"，就会难以真正执行。简单的"规训"式教育，孩子们已经在质疑了。

建议

1. 家长重视孩子的性教育很好，但仅仅告知隐私部位不能触碰还是不够的。我们需要讲的是身体权的概念：身体的每个部位都很重要，每个部位未经允许被碰触，都是要拒绝的，而不仅仅是隐私部位。

2. 可以这样跟孩子说：就像你有一个特别心爱的玩具，你会觉得妈妈拿可以，爸爸拿可以，你亲密的朋友拿可以，但是陌生人拿就不可以。因为这是你的，所以不管谁拿都必须经过你的同意。如果你没想跟别人分享，而别人强要，那你就会不开心。我们的隐私部位也是这样。我们对自己的身体是有权利的，就像我们对自己的玩具有权利一样。我们想跟谁分享，是我们自己的事情。

3. 还可以告诉孩子：所谓隐私部位，是我们生活中的一种规范，我们身体有些部位被认为是不能被别人看到的，如果在公共场合暴露出来，会让其他人不舒服，也会让人们觉得你很不得体和不礼貌。当然，不同的文化会有不同，非洲很多部落，就认为胸部和臀部都是可以暴露的。

4. 不应该说暴露了这些部分会造成多严重的后果，因为那样反而可能会对孩子构成伤害。淡淡地跟孩子说就好，要避免孩子把所谓隐私部位，与"见不得人""羞耻"联系在一起。我们身体器官都是平等的，每个你不愿意被碰触的部位都可以是你的隐私部位。

9 5岁儿子让我看他的小鸡鸡

家长咨询：

我儿子5周岁，有一次洗完澡换睡衣时，突然拿出小鸡鸡对我说："妈妈，你看小鸡鸡！"我都蒙了，赶紧跟孩子说，不能玩小鸡鸡，而且不能在公共场合和陌生人面前拿出来。

孩子立马说："在爸爸妈妈面前可以。"

我说："也不可以。"孩子当时听了，但过后偶尔还是会那样做。是不是我说得不对？我该怎样做呢？

方刚回复：

分析

家长只说"不可以"，却没有说"为什么不可以"，孩子难免无法理解和执行。

建议

1. 您的反应过于强烈了，试想如果孩子让您看一下手，或者脚，您会这么惊慌吗？您的惊慌态度，反而可能成为对孩子行为的一种正强化，因为他发现这样有助于引起您的关注，所以后来还会偶尔这样做。孩子希望父母关注他，会做一些出格的事，这时候父母如果很紧张，他就会觉得很新鲜，很好玩，就会越禁止越来劲。

2. 您只是告诉孩子"不可以"，却没有告诉他"为什么不可以"。应该很平静、很清楚地告诉孩子：阴茎是你身体的隐私部位，在咱们的文化中，展示给别人看是不雅的，别人会说你不礼貌、没教养等。等你长大些，如果还这样做，别人会认为你侵犯到了他，会惹怒别人，严重了会受到法律惩处，被关起来，不能跟家人见面。不做惹人讨厌的事，是对别人的尊重，也是对自己的尊重。

3. 爸爸妈妈和你是最亲的人，但是如果谁的行为让另一个人感到不舒服，甚至被冒犯，那也是不可以的。你现在这样做，就让妈妈觉得不舒服，妈妈希望你尊重我，不要再这样做。妈妈希望你能做一个既尊重自己，又尊重别人的小绅士。

4. 每个人都是希望自己被别人喜欢的，孩子知道了为什么不能做，就会往好里表现（除非亲子之间有其他要解决的问题）。而且这样教育孩子，当他遇到有人向他暴露性器官时，也能知道别人做了不礼貌的事，可以及时准确向家长诉说求助。

10　女儿自己拍了裸照

家长咨询：

女儿13岁，我在她的手机中发现了她自己拍的裸照，是在卫生间对着镜子拍的。这是什么情况?

方刚回复:

分析

最大的可能,仅仅是青春期的女孩子,欣赏自己的裸体美,拍照留念。当然,其中同样会有性意识的影响。也有可能是拍了发给有暧昧关系的人。

建议

1. 父母翻阅孩子手机,发现了孩子隐私,终归是父母做得不太好,让孩子知道了会影响亲子关系。所以,千万不要理直气壮地责问孩子。建议间接、含蓄地影响孩子。

2. 家长可以利用一些公共事件,给孩子分享网络安全的重要性。比如,私密照片流传出去会对当事人造成极大伤害,以此增强孩子这方面的安全意识。

3. 让孩子接受全面的性教育,提升处理青春期的情感、性问题的能力。

11 18 岁儿子在家不穿衣服

家长咨询:

我离婚了,单身带儿子许多年。如今他 18 岁了,天热时在家时常不穿衣服，尤其是上厕所，必须一丝不挂。但有人敲门时，他会立刻穿上衣服或躲起来。

作为妈妈，应该如何做才是正确的？

方刚回复：

分析

妈妈的焦虑，可能是因为自己感觉不舒服了，也可能是因为受社会观念影响。

建议

1. 孩子天热不穿衣服的行为，是从小养成的吗？还是近期突然开始的？如果是从小养成的，那对他来说可能只是一种习惯，还没有随着年龄的增长而改变。

2. 除了不穿衣服，儿子还有其他"特别"的表现吗？如果没有，可能只是他觉得这样舒服。他知道来外人时躲起来，说明他清楚社会规范。

3. 妈妈如果觉得不舒服了，可以和孩子做有关身体私密性的沟通。可以明确告诉孩子：你现在长大了，和小时候不一样了，在家里光着身子妈妈有些不舒服，希望你以后穿上衣服。

身体权与性骚扰

引言

预防性骚扰，近年受到社会的重视。赋权型性教育一直主张将预防性骚扰作为性教育的一部分，反对单纯的预防性骚扰教育。因为，如果孩子接触的"性教育"信息，只是性骚扰，那么，很可能培养起他们对性的羞耻感、污名感。

主流的防性骚扰教育，有几个大的缺欠：不同时告诉受教育者，性总体而言是美好的，性骚扰只是与性有关的人际关系的一小部分；时常滑入"性恐吓"教育的模式，以恐吓代替教育；没有培养对性骚扰说"不"所需要的内在力量，说"不"不是上几节课就可以做到的；规范了"大声说不""立即报警"等行为模式，没有考虑到个体的差异性和对个体选择权的尊重；只讲要对性骚扰说"不"，不讲生命最重要……

赋权型性教育经常用"维护身体权"代替"防性骚扰"，我们关注每个人的身体权不受侵犯，而不是只盯着"性"。

预防性骚扰教育时，还要警惕过分敏感，杯弓蛇影，形成一种人人自危的社会环境，破坏正常的人际交往。

预防性骚扰教育，不应该忽视男性也会遭性骚扰，同性之间也有性骚扰，等等。

1　幼儿园有个男老师

家长咨询：

我女儿快上幼儿园了，我不想让她上传统的学知识、学算术的那种主流幼儿园，我想送她上一所私立幼儿园，但那所幼儿园带班老师是一个男老师，我有时会担心不安全，请问您的看法如何？

方刚回复：

分析

家长关心自己孩子的安全是可以理解的，但是，这种将所有男性假定为潜在性侵施加者的想法，不仅无益，反而危险。

建议

1. 您的担心暴露出一种思维方式：把所有男人都当成潜在的性骚扰实施者。事实是，性侵犯者在全部人口中只是微乎其微的少数。所以，您是过虑的。开个玩笑：您确定那位男老师不是同性恋吗？那样男孩子的家长才应该担心。或者，您确定其他女老师不是同性恋吗？那您应该担心幼儿园的女老师才对。所以，这种担心是无用的。当然，这只是一个反讽，同性恋也并不都会骚扰别人。

2. 如果男人都是性骚扰实施者，那躲也躲不过去。何况幼儿园里还有男生。您没有办法让女儿生活在一个"没有男人"的世界。与其让女儿面对男性被动"逃跑"，不如主动地教孩子学会自我保护，帮助她了解身体哪些部位是不能让别人触碰的，如果有人要触碰，就要坚定地说"不"，还要告诉父母。两三岁的孩子就可以理解这些了。这不仅有助于她在幼儿园中的自我保护，还有助于未来成长路上的健康与安全。

3. 我想提醒您的是，您这种对男性的普遍警惕态度，如果传递给孩子，对她未来的人际交往，包括开展亲密关系，会有很大的负面影响。

2 女儿在幼儿园被男生摸了屁股

家长咨询：

老师好，我女儿从幼儿园大班开始，总被班级里的男生捏屁股，还是不同的男生。

现在的男生怎么这么小就这么色呢？我该怎么引导我的女儿？

方刚回复：

分析

1. 家长要了解发生这个行为的前因后果，才能做出更准确的判断。

2. 这是幼儿园孩子对身体好奇引发的游戏，警惕不要轻易给幼儿园的孩子扣上"性骚扰"的帽子。

建议

1. 家长可以和女儿玩情境再现的游戏，看看是什么情境下男生摸她屁股的,摸了之后女儿又做了什么回应。如果女儿有不妥的行为,要及时更正,引导女儿做出正确的反应。

2. 和女儿分享身体权的概念,教会她遇到这样的事情应该如何拒绝。

3. 男孩子的行为很可能只是因为好奇,千万不要将男孩子的行为定义为"性骚扰";本来不需要上纲上线的事情,反而会强化孩子被伤害的感受,增加孩子对性的污名感与羞耻感,那才是对孩子真正的伤害。

4. 在幼儿园里进行性教育,让孩子们了解身体差异,了解身体权,学习尊重身体界线。

3 幼儿园里的男孩子总亲我女儿

家长咨询:

女儿今年上幼儿园中班,她班里有个小男孩总喜欢噘着小嘴巴亲女生,尤其喜欢亲我家女儿,而且小男孩的父母也经常引导小男孩说选我女儿做媳妇。我该如何引导我的女儿?

方刚回复:

分析

1. 男孩父母可能只是当作玩笑,当作孩子们之间的友好表达,但女孩的父母却紧张了。

2. 小朋友之间的嘟嘴亲吻更是一种幼儿间无邪的友情表达。而父母想到了更深层次的东西，可能担心自己的女儿吃亏。如果是一个男孩子被亲吻，可能父母的担忧会少很多。

建议

1.先问问女儿，被男孩子亲的时候，是什么样的感受。如果她感觉很开心、很亲密、很友好，就无所谓了，要支持孩子们之间表达亲密。如果她不喜欢，可以告诉小男生：你亲我，我不舒服，请你不要亲我了。这就是教给孩子维护自己的身体权。同时也要很认真地告诉女儿：亲你的男生只是表示对你的友好。亲吻、拉手、拥抱等行为都是表达人类情感的行为，你可以选择你能接受的方式。但也要尊重自己身体和内心的感受，如果自己不能接受时，同样可以大方坦然地拒绝，你们依然是朋友。

2. 男孩家长选择女儿做媳妇可能是个玩笑，也可能确实看上了女孩的家庭和女孩本身。对于一个幼儿园的孩子来讲，说对方看上她是个玩笑似乎不大妥当，这个年龄的孩子没法想象用这种事情来开玩笑到底是个什么感觉。所以，不妨直截了当地告诉孩子：恋爱、结婚是成年人的事情，你们现在还在不断地长大和进步中，每个小朋友都会有很多变化，随着年龄的增长，也会让自己变得越来越出色。成年之后人的喜好也一定会有变化，开开心心度过每个年龄段，大大方方与不同的男孩子相处、交朋友，至于结婚和媳妇嘛，每个人都会遇上自己的心上人。

3. 如果女儿感到被亲不舒服，尽量鼓励孩子自己去处理这件事，自己与男孩子去讲明不舒服、不愿意的感受。如果自己拒绝过了，男孩还一意孤行，可以考虑与男孩的父母沟通。比如，理解他们的善意，但告诉他们，你的女儿觉得不舒服了，相信他们和男孩子都会尊重你女儿的感受。

4. 进一步，可以问男孩子，或者让他的父母问他：为什么亲女同学呀？是不是因为喜欢她，表示友好？小男生亲女同学，通常只是表示喜欢和友好的举动，不必大惊小怪。不要以成人的眼光，简单地给孩子扣上一个性骚扰的"罪名"，要听孩子自己怎么说。

5. 问过孩子了，建议他也去问问那些被他亲脸的同学，是什么样的感觉。如果感觉舒服，就无所谓。如果有人不舒服，不喜欢，就要告诉那个男生尊重别人的身体权，即使仅是亲别人，也要征得别人的同意。你应该先问：我很喜欢你，可以亲你一下吗？如果人家说不行，就不要亲，否则就是侵犯别人了，就不是喜欢了，而是伤害了。很多时候我们不知道对方喜欢不喜欢，成人也是一样，但是一旦我们听到对方讨厌我们的举动，就没有那么大的兴趣再做这事了。

6. 在幼儿园开展性教育。

4 三年级流行扒男生裤子

家长咨询：

我儿子上小学三年级，他班里有个小男孩经常扒其他男孩子的裤子，并摸他们的小鸡鸡。

儿子很反感，但又不愿意告诉老师，我们家长怎么办？

方刚回复：

分析

1. 男孩子扒其他男生裤子并摸阴茎的行为，可以暂时视为性游戏。

2. 当别人反感的时候，仍然做，就已经演变为性骚扰了。同性间一样有性骚扰。

建议

1. 可以对您的儿子说，这个同学的本意可能只是逗着玩，属于"性玩笑""性游戏"。但是，这样的玩笑和游戏对于已经读三年级的你们来说，还是不适合的。

2. 告诉孩子，如果你不喜欢这样的"游戏"，可以明确地告诉他："请你不要这样，我不喜欢。"你也可以鼓励其他不喜欢这类游戏的同学勇敢地对他说出来。他可能只是不知道你们不喜欢，说出来了，相信他就会改变。如果他仍然继续，就是对你们身体权的侵犯。应该报告老师，请老师和学校出面进行教育。

3. 孩子做出这类行为，除了没有受过性教育，没有身体界线和尊重别人隐私的概念之外，很大程度上是通过这样的行为引起别人的关注。家长要关注孩子的心理，看看是不是孩子曾经遭受别人的触摸行为而模仿为之，或孩子在家庭和学校中是否不被重视。

4. 可以给老师提建议：在班里开展性教育，包括身体权的教育。

5 班里有男生说性，女儿很反感

家长咨询：

女儿读初中三年级，说她班里总有男生在公开场合说自慰、阴茎等，她很反感，说那是肮脏的事。我该如何引导孩子？

方刚回复：

分析

要从两个层次看这件事：一个层次，是女孩子内心对性有污名感，这是不好的；另一个层次，是男孩子们谈性时的态度，是否有性骚扰的可能，这是要了解后再判断。

建议

1. 不确定男同学是用什么样的态度谈论阴茎、自慰等话题的。总的来说，要和孩子分享：性不是肮脏的，不是不可以谈论的，但属于隐私的性话题，应该注意场合。家长首先应该把性当作一件平常的事情，家长对孩子有很好的示范作用，如果您能坦然地谈论性，相信孩子也会受到您的影响，从而减少羞耻、污名和神秘感。

2. 仍然要注意到，男生谈论性话题的时候，可能语气、神态是有挑逗和暧昧意味的，或者并非讨论"性"而是很隐私的话题。这种情况下，女儿的不舒服是可以理解的，告诉孩子：如果别人有关性的言论让你感觉不舒服了，应鼓励孩子勇敢地跟同学说明，请该同学不要在公共场合谈论性的话题，如果该同学执意要这么做，也可以向老师反映。

　　3. 男同学在教室里不顾他人感受公然谈性，可能是吸引他人注意、出风头的意思。可以建议老师在班级中开展青春期性教育，释放同学们的猎奇心理，一旦能够摊在桌面上讨论，男同学的好奇心和恶作剧心态也会随之消除，大家都知道了，也不把这个话题看得那么神秘隐晦，喜欢以此话题为笑料的同学就自觉兴趣索然、感觉没意思了。当然，青春期性教育中，也要培养反性骚扰的意识，同时消除对性的污名感与羞耻感。

6　男生拦住女生要摸胸

家长咨询：

　　我儿子五年级，今年几个同学来家里玩，我做饭时听他们议论，班上女生谁的胸部大，谁的胸部小。我头都大了。现在的孩子怎么这么开放啊！我应该怎么教育呢？

　　同学都走了之后我问儿子，他说，放学时，他们会拦住走得晚的几个女生，围着挨个摸她们的胸部。有一个女生因为喜欢一个男生，愿意让他摸，其他几个不愿意。

方刚回复：

分析

当今社会孩子们更早了解性信息，五年级也即将进入青春期了。出现这种情况，家长的惊慌是可以理解的，但要正确面对。

建议

1. 告诉儿子：理解他们对于性、身体的好奇，但是，他们拦住走得晚的女生要求摸胸的行为，已经属于性别暴力，或者校园欺凌，是非常严重的错误。

2. 同时也要与儿子强调，进入青春期，男孩女孩的身体都会发育，有变化，男孩的胸部也会发育，只是不像女孩胸部一样，会长大长丰满。告诉男孩子乳房是女孩的隐私部位，同时女孩乳房还有独特的功能，就是成年生小孩儿后为孩子哺乳。从不同的角度让男孩子认识乳房、尊重乳房，女孩的乳房不该被拿来随意谈论、嘲笑。在此基础上，也可以为孩子剖析为什么社会和媒介会拿女性乳房大小说事儿，指出这是性别不平等和物化女性的遗毒，让孩子们有机会去思考他们行为的原因与行为所产生的后果，进而引导他们从内心尊重女性，改变不良行为，这也是推动社会进步和性别平等的重要一步。

3. 一位女生愿意让自己喜欢的男生摸，这个行为的发生是否有同伴压力，女生可能没有意识到多人在场的风险，以及后果；教育孩子：她同意被摸，不等于同意你们传播这件事，传播可能给她带来伤害。

4. 了解自己儿子在小团体中的角色，是主导者，还是跟随者，或者是基于压力的盲从者。无论哪个角色，都要知晓利害，要进行普法教育。如果是在同伴压力下的跟随者或盲从者，要教会孩子说"不"的能力。

5. 推动学校开展专业的性教育课程，介绍青春期的知识，包括女性乳房的发育，满足孩子们对于性的好奇。课程中甚至可以讨论乳房大小的不同意义，引导达成"审美观不一样，健康的乳房是最好的"这一理念。

6. 推动学校开展预防性侵犯、性别暴力、校园欺凌的课程，让孩子们理解哪些行为属于暴力和欺凌，遇到时应该如何面对。

7 女儿被偷拍，还被羞辱

家长咨询：

女儿上初三。她告诉我们，一个月前她和好朋友在公园椅子上吃东西，发现有一个中年男子在偷拍她，她上前质问时，那个男的把手机直接拿到她脸前拍，还说一些让她不舒服的话，又对她做出让她很不舒服的动作。

这件事让她现在一想起来就恶心，想吐，睡不着觉。所以和我们说了，我们当时也没有做出什么反应，只是言语上安慰了她，因为不知道该怎么反应才好。

请问，我们应该做什么？如何帮女儿走出阴影？

方刚回复：

分析

女儿经历的是性骚扰。偷拍本身是一种性骚扰，后面的"不舒服的话""不舒服的动作"也是性骚扰。

建议

1. 赞赏女儿的做法。她面对偷拍的时候，能够勇敢地走过去，质问对方，这是非常有力量的表现。但她毕竟是小孩子，所以被对方进一步攻击。只能说明那个人太可恶了，不能说明她软弱或无力。

2. 受的创伤，放在心里确实难受，说出来了，孩子就已经好很多了。父母要肯定她，共情她，拥抱她。

3. 告诉她：这类男人只是极少数，不必因此对男性感到"恶心"。如果是因为对方说的内容和做的手势与性有关，也可以告诉孩子：性是美好的，只不过被这个男人"恶用"了，不要因为他而对性污名化。

4. 虽然事情过去几天了，还是可以带着女儿一起去报警。报警要征求孩子的意见，尽管孩子已经上初三，几近成人，但还要评估她自己的承受能力和家人的全面看待性的心理弹性和支撑力。报警的过程，是女儿再次说出愤怒的过程，这本身就是一种疗愈；同时，报警之后，警察会关注事发地，可能有助于保护其他孩子不受骚扰。

8 8岁女儿被同学摸了隐私部位

家长咨询：

8岁的女儿一回家就哭，说不想去上学了，因为同桌欺负她，摸她隐私部位。妈妈问，有没有和老师讲。女儿说，讲了，但他还是摸，不敢再告诉老师了。

方刚回复：

分析

女儿的维权意识值得肯定。但是，看起来老师并没有进行很好的处理。现在需要家长出面处理了。

建议

1. 表扬孩子，她勇于维护自己的身体权的行为，非常棒！包括告诉老师，又告诉家长，都是非常棒的。

2. 告诉孩子，男孩子摸她的行为，是错误的。但是，错误的是男孩，她没有任何责任，她也没有犯错，她仍然可以很快乐。

3. 向孩子了解，男生摸她时，她是怎么做的。告诉孩子，正确的做法是及时拒绝、制止，并马上离开原地。同时也需要了解孩子具体是怎样和老师说的，是不是孩子没说或没有勇气描述清楚这件事，从这个点上可以看出孩子是否有勇气对骚扰说"不"。男孩继续原来的行为，一方面可能是老师没有作为，另一方面也可能是自己孩子没有勇气把事情原原本本告诉老师，从这一行为的背后可以看到孩子对性的羞耻感和无力感，所以家长要想帮助孩子，需要一层层剥洋葱似的了解孩子真实的内心世界，才能为她注入力量去应对性骚扰事件。

4. 家长要分别同老师、男生家长进行交流。要清楚地表达：男孩子的行为在性质上属于性骚扰，是不可以被接受的，老师和家长都应该采取措施，承担责任。但也要强调：孩子还小，所以我们不给孩子贴上"性骚扰""小流氓"之类的标签，要认识到这是他的好奇心使然，更是性教育缺失的结果。

5. 建议男孩子的家长和老师，对男孩子进行性教育，然后让男孩子向女生郑重道歉。这既是给女生一个交代，也是为了促进男孩子的成长。

6. 建议老师在学校开展性教育，这是学校的责任。

9　女儿幼年曾被性骚扰

家长咨询：

女儿今年17周岁，小学到初中都比较让我们省心，学习也很优秀。但是孩子性格内向，言语不多。

孩子八九岁的时候，暑假回农村老家和爷爷奶奶住时，被一个四五十岁的男邻居骚扰过，摸过身体好几次。开学后她回到城里，才告诉我。我也不知道怎么办，我认为邻居这么大年纪了，可能跟孩子闹着玩，就没往心里去，告诉孩子只是闹着玩。

高中之后，随着孩子年龄增长及学习压力增强，孩子成绩直线下降，从原来的优秀生瞬间成为差等生。

我跟孩子沟通过，为什么学不进去？她说，从高一下半年开始，经常想起老家男邻居骚扰她的事，感觉自己跟别的孩子不一样，自卑，开始胡思乱想，控制不了自己，甚至看到男生或者男老师都会不舒服，觉得恶心。对生理课更是恶心透顶，从前的画面挥之不去，常常出现在脑海里。

孩子甚至出现幻觉，也不知道自己在想着什么。高一下半年，在学校里整天给自己编故事，编得好了高兴一天，编得不好就痛苦一天、难过一天，甚至伤心地哭，一会儿高兴一会儿难过，自己控制不住。

我们应该做什么帮助孩子？

方刚回复：

分析

早年经历的性骚扰事件没有得到很好的处理，除了创伤之外，内心已经有了性的羞耻感、污名感。从表现看，可能已经有精神障碍了。

建议

1. 鉴于目前孩子已经出现了各种精神和身体上的症状，孩子现在的情况，如出现幻觉、编故事等，可能需要进行专业的鉴定，如果孩子的情况已经属于需要精神科医生处治的程度了，就不要掉以轻心。该看心理医生的看心理医生，该看精神科医生的看精神科医生。

2. 家长向孩子道歉，因为家长在处理孩子八九岁时被性骚扰的事件上，是有欠缺的。正确的做法应该是：当孩子告诉家长说，自己受到性骚扰时，家长应该相信孩子，报警处理。给孩子充分的安全感，让她知道无论发生了什么事情，家长都会站出来保护她。遗憾的是，孩子说出来了，家长却没有做出应有的反应，创伤与阴影一直留在孩子的心中，迟早要凸显出来。现在道歉，也是一种态度和补救。让孩子明白爸爸妈妈是支持她的，从而拥有安全感。

3. 可以和孩子一起探讨：八九岁时发生的事情，此后一直没有影响学习和生活，到高中后开始影响，原因是什么？这可能是受到了一些反性侵教育的影响，也可能是青春期性与情感萌动后的影响。找到影响因素，对于疗愈无疑将非常有帮助。如果孩子能够再现当年的场景并表达出来，也是一种创伤的疗愈释放。

4. 弥补当年没有给予孩子支持的欠缺，告诉孩子：性骚扰事件责任在于邻居的侵犯而不在于孩子，她受到了伤害，但这不是她的过错，她和别的孩子并没有不一样，她仍然是美好的，完全不必自卑。可以引用空椅子技术把对邻居的情绪和愤怒处理掉，即让孩子面对一张空椅子坐下来，把它想象成那个骚扰孩子的男人，把所有的愤怒都宣泄出来。

5. 将性去污名化。孩子的内心已经产生性污名了。告诉孩子：那个男邻居的行为是不对的，但他只是个例，生活中还有很多男性老师、同学，包括爸爸，是尊重她关爱她的，她仍然可以相信他们。性骚扰、性侵犯也只是与性有关的人际关系的一小部分，性本身是美好的。

6. 提供社会支持：进行学业压力分析，帮助解决问题，挖掘内在资源，培养自信心，试着去重新规划生活。

10 对"性骚扰"太敏感的女生

家长咨询：

我的女儿读小学一年级，我们都非常重视性教育，很早就给她讲了防性骚扰的一些知识。

前几天，班主任老师和我说，我女儿过于敏感了，凡是有男生的手触碰到她的胸、屁股，她都会马上告诉老师。老师的意思是：小学生很好动，课间活动时难免会出现碰撞。所以老师告诉她，男生不小心撞到你，不是故意摸你的。可是我女儿还是不肯罢休，不停地向老师投诉。所以老师就和我们说了，让我们处理。

女儿有很强的防性骚扰意识，不好吗？

方刚回复：

分析

这个咨询验证了我长久以来的一个担心：我们对拒绝性侵犯的强调，也许在某些时候会演变成对于普通人际交往、亲密关系的过度警觉，从而伤害人际交往与亲密关系。我这样讲，并不是反对进行防范性侵犯的教育，而是关心如何教育。

建议

1. 您对女儿进行了充分的防性骚扰教育，这是好的。在这个教育过程中出现一些问题，不能怪您，因为您不是专业性教育人士，即使是专业的性教育人士，也可能出错。发现问题，我们及时调整就可以。

2. 在对孩子进行防性骚扰教育的过程中，我们也要提醒孩子：性骚扰只是人际关系中非常小的一部分，千万不要杯弓蛇影。比如对于身体触碰这件事，要核实一下对方是否有恶意，否则可能会误伤别人，这对别人也是一种"骚扰"。也就是说，在家庭中不要过分把性上升到一个特别的高度，一味只强调防性侵。只有同时进行性的积极面的教育，孩子才能更全面地看待性，才不至于杯弓蛇影。

3. 您的女儿，也许一开始确实有些过分警觉，但当她的警觉被同学们都知道了，而且教师没有对"性骚扰"她的同学进行严厉教育，其他同学可能会出于"逗你玩"的心理，故意去触碰她的敏感部位。

4. 建议教师开展性教育，积极面对女儿的"投诉"，教育全班同学：不能触碰别人的敏感部位，即使是无意的触碰，也不可以。而且，"无意的触碰"不可能一而再、再而三地发生。课程上当然也要分享：什么样的触碰是可以被接受的，不应该被视为性骚扰。

11　如何给儿子讲"防性骚扰"

家长咨询：

现在说到防性骚扰，都在讲要防止女孩子被性骚扰。我的孩子是儿子，现在社会上同性恋这么流行，我也挺担心他被性骚扰。家长应该做些什么，才能保护好儿子？

方刚回复：

分析

家长有防止儿子被性骚扰的意识，挺好的。但是，不应该只停留在担心被男性性骚扰的层面，这其实是一种"同性恋恐惧"。

建议

1. 我们主张，防性骚扰的教育对男孩子和女孩子一样需要。但男孩子受到性骚扰并不一定来自同性，也可能会来自异性。千万要警惕，防性骚扰不要变成对某一个性别的敌视，这样的"性教育"以前不缺少，比如，吓唬女孩子说"男人都不是好东西"，直接影响到她们对异性的态度。所以，如果只强调男孩子可能受到同性恋者的性骚扰，有可能变成对同性恋的污名化。

2. 防性骚扰教育的核心在于：让青少年懂得，我的身体我做主。这种性教育，是男女都一样的，不应该有性别差异。

3. 同时，我们也要对孩子进行"不能性骚扰别人"的教育。在全社会防范性骚扰的呼声下，大家都更着眼于如何防止自己的孩子遭受性骚扰，却鲜有人反向思考，对自己的孩子进行"不能骚扰别人"的教育。这样的教育，无论男孩还是女孩，都是需要的。

12　在幼儿园，女孩子摸我儿子的阴茎

家长咨询：

老师，我儿子前天在幼儿园睡午觉的时候，被隔壁床的女孩掀被子摸阴茎。虽然我们家是男孩子，被摸的时候也隔着裤子，但我还是非常

生气！不知道如何缓解自己的心情。怎么幼儿园阶段就有这么骚的小女孩了？这不是公然要流氓吗？

我儿子不是很在意，回到家里也只是作为幼儿园里发生的一件小事跟我们分享，我的公公和婆婆说"男孩子不吃亏""被摸了阴茎反而是我们赚了"，所以我儿子也不会有受伤的感觉，只是我并不愿意儿子的隐私部位被别人摸！

方刚回复：

分析

1. 理解家长的焦虑，但女孩子可能只是好奇，不必想得太多，更不能贴上"耍流氓"的标签。

2. 从此事件的描述中可以感受到，家长的情绪更为激烈，反倒是孩子挺平静。家长的激烈态度，反而可能会伤害到自己的孩子和那个女生。

3. 爷爷奶奶的话体现了错误的性别观念，从小培养孩子的性别不平等意识，是危险的。

建议

1. 再现"摸"的前后，了解"摸"是否有什么前因后果，询问儿子被摸时的感受和反应是什么。观察孩子讲这个事情的时候是什么反应，比如，是害羞、哭泣、生气，还是微笑？不同的情况，采取不同的应对策略。

2. 或许孩子根本没有把这件事太当回事儿。所以，大人更要觉察自己的性价值观，不因成人对性的污名和草木皆兵的"防性骚扰意识"而强化孩子对性的污名认知，那就变成坏的性教育了，适得其反。假如孩子非常在意这件事，很气恼和愤怒，就要告诉孩子应尊重自己身体的感受，及时拒绝，必要时告诉老师。在这件事上，始终把握一个原则，就是妈妈不必为此义愤填膺，您对性事件的态度就是孩子对性事件的态度。

3. 家长污名女生，使用"骚""耍流氓"的词语是非常过分的，如果儿子听到这样的描述，可能用这样的词称呼女同学，后果很严重，所以家长要立即改变态度，并且为自己以前的态度对儿子澄清和道歉。

4. 教给儿子遇到这种情况怎么做，如何保护身体权。

5. 公婆应该针对自己传达的双重道德标准，对孩子进行澄清和道歉，尽量消除对孩子的负面影响。

6. 推动在幼儿园开展性教育，向孩子介绍身体的差异，满足孩子们对身体的好奇，尊重身体权。

13　搓澡时，儿子被性骚扰了

家长咨询：

一年多前，我们全家去洗浴中心，我儿子（当时 16 岁）在搓澡时，受到搓澡工的性骚扰。

那人先是用手触碰他的阴茎，我儿子一开始可能没反应过来；后来那人又用嘴碰，被我儿子打了一拳。孩子跑出来，见到他爸，说："那边有个同性恋。"

但他爸当时没太当回事儿。此事后来一直在孩子心里有阴影，他很担心自己得了艾滋病，但又不敢去查。前两天他在学校划破了手，出了一些血，他就差点儿晕倒了，吓得老师带他去急诊。今天他爸爸陪他去换药，伤口基本没事儿了，他和爸爸提起此事。

我们有点儿不知道怎么帮助孩子，请您指教。

方刚回复：

分析

1. 因为男性一般认为"被性骚扰"对自己来说是遥不可及的事，他们对此完全没有心理准备，所以，对受到性骚扰的男性而言，心理影响可能更严重。这个创伤性事件破坏了之前他被教育而认识的、有关自己的男性身份的一切。

2. 父母们对于女孩子受男性的骚扰比较敏感，对于男孩子受性骚扰、同性间的性骚扰，就会"没太当回事儿"。这种关于性骚扰的态度是错误的。

建议

1. 父母前期对孩子受到性骚扰"没太当回事儿"，现在发现情况没有那么简单，就要重视起来了。男孩子受性骚扰，特别是同性性骚扰，一样可能会受伤很深，创伤可能会导致受暴者长期焦虑、沮丧、恐惧、身份混乱。所以，必要的时候需要找专业的心理工作者。

2. 男孩子有明显的恐同、恐艾心理，要澄清。同性恋本身不是过错，同性恋和艾滋病也没有直接关系，搓澡男人对他的身体接触也绝对不可能传播艾滋病病毒。带领孩子一起查阅相关科普知识，了解艾滋病病毒的传播途径，帮助孩子打消顾虑，相信自己没有感染艾滋病病毒。必要时去做专业检测，通过科学手段给孩子以安慰。

3. 告诉孩子：搓澡男人对你的性骚扰，是他的错，不是你的错，和你的性倾向也没有任何关系。所以，不要担心自己是不是同性恋才被看上，也不用担心自己变成同性恋。

4. 可以和孩子交流，或许因为觉得自己是男生从没想到会被性侵，突然在无思想警惕的情况下被同性明目张胆地骚扰，确实自尊心会受到一些伤害，也会觉得懊恼。以此先消除孩子的心理阴影，然后再引导孩子认识到这只是侵犯了他的身体权，如同被打一嘴巴子、往身上吐口水一样，是让人恶心，但也没啥损失和伤害，不必一直耿耿于怀，也教孩子从此事件中学习性的保护意识。

14 四年级儿子被性骚扰了

家长咨询：

前几天晚上，我和老公，以及读小学四年级的儿子一起下楼，我们忙着往车上放东西，让儿子把垃圾丢到大门口的垃圾桶里。相距仅五六米，但孩子过了大约五分钟才回来。紧跟着过来一个女青年，她稍显紧张地跟我们说，垃圾桶那里有个疯子乱摸你儿子，以后注意一下，是她让我儿子快走，孩子才离开的。

孩子爸爸过去看到了疯子，没有对他怎样。我们询问孩子后得知，那个像疯子的流浪汉摸了他的下体，孩子没有反应过来，愣了一下。流浪汉又让孩子脱下裤子给他看，孩子说"不行"。这时女青年经过，说"你快点走吧"，孩子就离开了，但他没主动告诉我们，如果女青年不说他也没准备说。

我们没有太多批评孩子，说他能拒绝很好，但应该在看到流浪汉的第一时间就离他远一些，他在那儿掏垃圾，一看就有潜在危险，宁可先不去丢垃圾。孩子也表示记住了。

但我们仍担心这件事会给孩子留下阴影，不知处理是否恰当，怎样处理最好？

方刚回复：

分析

1. 流浪汉对男孩子的行为属于性骚扰，这一点并不因为他的流浪汉身份而改变。

2. "疯子"的标签可能是旁观者的主观感受，不应该因此放弃对性骚扰者的追责。

建议

1. 肯定孩子拒绝脱裤子，这一点处理得很好。同时也应该告诉他：

当那个男人一开始触碰你的身体时，就应该快点离开。当然，你当时没有反应过来也是可以理解的。

2. 和孩子分享：再遇到这种情况，如果在人多的地方，可以大声拒绝、告诉对方不可以这样做；如果在没人的地方，要想办法快速离开以免骚扰者进一步行动，如果骚扰者与自己力量悬殊，也可以告诉他爸爸妈妈就在附近、马上会过来，总之要见机行事。有些方案只停留在说教的层面，如果想让孩子能做到临危不乱，其实是需要大量情景演练的，日常生活中父母不妨多带领孩子做些有效的场景练习，这也是积极的性教育。

3. 清楚地告诉孩子，那个男人的行为是性骚扰，同性间也有性骚扰。但这都是骚扰者的错，你没有责任，他们侵犯了你的身体权。

4. 应该报警。毕竟那个男人可能还会在附近拾垃圾，可能有其他孩子受到骚扰。

5. 告诉孩子见到有流浪汉就要躲着，这是不对的，向孩子灌输了歧视和不平等的价值观，是对社会弱势群体的伤害。这会破坏基本的人际关系的信任。

6. 告诉孩子：应该对那位阿姨心怀感激，她是勇于冒着风险保护他人的人，我们要向她学习。

7. 家长不要纠结于此事是否给孩子留下阴影了，越没完没了地就这件事"纠缠"孩子，才越可能给他留下阴影呢。从孩子当时的反应来看，孩子可能根本没把这件事当回事儿，只要大人不过度强调，孩子不会留下什么阴影，教给孩子防范的意识和方法就好。

不去侵犯
别人的身体权

引言

我们的社会很常见预防、应对性骚扰的教育，却很少见"不要骚扰别人"的教育。

那些性骚扰的施加者，不也是或者曾经是我们的孩子、我们的学生吗？赋权型性教育中，一直包括"不要做性骚扰的施加者"的教育。

甚至众人眼中非常出色的孩子，也可能成为性骚扰的施加者。

许多时候，如果缺少性教育，很多孩子真的不知道什么是性骚扰。当他们在性骚扰、性欺凌别人的时候，他们还以为是"开玩笑"。这不能怪孩子们，要怪父母、老师和整个社会的教育。

赋权型性教育主张：如果孩子有了性骚扰的行为，不要贴标签，不要一竿子打死，而要针对实际情况进行教育帮助。每个孩子都是好孩子，他们的"问题"是缺少好的教育。我们要看到他们积极的一面，要帮助他们培养正向的价值观、积极肯定的自我认同，以及远大的人生理想。在他们受到法律规定的处罚，还有道德评判的同时，要努力采取更多正向激励的方法，帮助他们转变和成长。

1 不仅摸妈妈乳房，他还摸女客人乳房

家长咨询：

我儿子 5 岁，和我一张床睡觉，总要摸着我的乳房才能睡觉。

我告诉他：你大了，不能摸妈妈乳房了。但是他不理解，还是坚持要摸着才能睡，现在发展到了白天也随时随地会摸我乳房。

家里来了女客人，他也会突然间伸手去摸人家的乳房，这令我们很尴尬。

我们该怎么办？

方刚回复：

分析

1. 孩子摸妈妈的乳房，不一定和性有关系。成人注意到的是性，孩子关注的可能仅是安全感。家长应该有"去性化"的态度。

2. 4—6 岁属于孩子的第一个"叛逆期"，越阻止，越想做。所以才会出现"随时随地摸"的情况。

3. 摸女客人的乳房，很可能是希望引起关注。因为经验已经告诉他，摸妈妈的乳房会被关注，摸其他人的乳房更会被关注。

建议

1. 孩子摸妈妈的乳房时，妈妈可以自然地躲开，或者装作随意地引导开。或者，索性随便摸。总之，不再"过分关注"他。"过分关注"

会使他的行为被强化。

2. 和孩子分享自己被摸时的感受，比如，很不舒服、不开心。也可以扮演客人，和孩子分享客人被摸时的感觉，比如，觉得被冒犯、受伤、尴尬、反感等。孩子们都喜欢被人喜欢，而不喜欢被人厌恶和反感。传达给孩子"性骚扰"概念，告诉孩子应该如何学会尊重他人。

3. 当然，孩子摸乳房，也可能只是从小养成的一个行为习惯。这时，家长需要考虑如何戒除弱化该习惯，包括用物品代替、转移注意力等方法。

4. 家长的态度要前后一致。如果今天坚持拒绝摸，转天在孩子央求下又同意摸，这样反复的态度是最不好的。

2 五年级的儿子性骚扰了女同学

家长咨询：

我是妈妈，我儿子读小学五年级，我承认自己非常溺爱他，管不了他。但他怕爸爸，只是爸爸工作太忙，常不在家。

今天老师向我们告状：昨天上体育课的时候，我儿子偷偷从后面双手环抱过一个女生，并触摸女生的双肩与胸部。

这时旁边的一位女生发现了，说："好色，变态！"他就笑嘻嘻地放了手。

那位被摸的女生当时也蒙了，选择了沉默，没有告知体育老师，课后也没有告诉班主任。女生放学回家后，面对自己的妈妈几次欲言又止，直到晚上十点多，才跟妈妈说到"自己很害怕"，跟妈妈倾诉了白天发生的事情。

今天女生家长找到老师，老师想息事宁人，安慰女生家长说，我儿子只是和她女儿逗着玩。

然后，老师给孩子爸爸打电话。他爸爸很生气，回家后用木条狠狠地打了儿子的手，都打出血了。

我儿子自己也说："我只是和她逗着玩。"

遇到这种事，家长应该怎么办呢？

方刚回复：

分析

溺爱，暴力，都可能塑造"问题孩子"。青春期孩子的成长过程中，需要专业的性教育。

建议

1. 爸爸妈妈在处理此事件，包括教育孩子的问题上，要达成一致。靠溺爱不行，靠暴力惩戒也不行，要靠专业的、好的性教育，给孩子增能赋权。爸爸要投入更多精力关注孩子、陪伴孩子成长。

2. 孩子的行为已经属于性骚扰了，侵犯了其他同学的身体权。父母作为孩子的法定监护人，有义务帮助孩子改正错误行为。重点放在帮孩子认识到自己行为的错误，纠正错误行为，学习如何尊重他人，而不是否定孩子。

3. 孩子所说的"逗着玩"，无论是借口，还是真的无知，都是要清楚地否定的，告诉他："这不是逗着玩！"让孩子认识到玩笑和骚扰的本质区别，只有对方接受，觉得好笑的时候才是玩笑。

4. 要求孩子对自己的错误行为承担责任，带着孩子向被骚扰的女同学道歉。

5. 根据后续表现，判断孩子是否需要再接受专业的、一对一的心理辅导。

6. 建议老师在班级里开展性教育，使孩子们学习保护自己的身体权，同时不去侵犯别人的身体权，包括受到性骚扰的同学应该如何拒绝，事后如何及时处理，如何得到帮助，等等。

7. 父母本身要有正确、全面的性教育知识，才能很好地引导孩子。所以，父母也需要学习。

3 儿子控制不住想去性骚扰别人

家长咨询：

儿子18岁了，前不久哭着向我和他妈妈求助。这事也把我们吓坏了，从他说后，就没有一天过过好日子。

他15岁时曾在公交车上偶然间触碰到异性，产生性快感。后来看到公交车就兴奋，开始常常到公交车上寻找目标妇女猥亵，他感觉自己很不正常，想控制又控制不住。现在他经常晚上出去，看到公交车就上，他知道这样下去等待他的一定是法律制裁，他也不想，但就是控制不住。孩子自己挣扎着，也很痛苦，便向我们求助。

我们带他去医院检查，检查结果是身体正常，性能力比常人强。我们也曾找咨询师咨询，但太贵了，而且也没有什么效果，就中止了。

想请教您，我们应该怎么做？

方刚回复：

分析

1. 在 15 岁这个青春萌动期，公交车上碰触异性激发了性欲的满足模式，虽然是可以理解的，但是错误的，必须纠正。所谓"性欲强"并不存在一个诊断标准，更不可以成为实施性骚扰的借口。

2. 孩子主动求助，说明有非常强的改变愿望，非常好，这使改变变得容易许多。

建议

1. 孩子能够说出来，主动寻求帮助，改变自己的行为，这非常了不起。父母应该夸奖孩子，肯定他的态度。也说明孩子对父母是信任的，亲子关系是良好的，这非常难能可贵。我们要更加珍惜这份关系，绝对不要责怪他。孩子处于与自我欲求的搏斗中，需要来自父母的支持。

2. 性骚扰实施者通常有一些扭曲认知，他们可能会觉得女性喜欢受到性骚扰或性侵犯，女性至少并不反感，等等。要帮助孩子改变这些认知，帮助孩子认识到女性非常讨厌被性骚扰。个别人的性侵犯经验中，有得到女性配合的情况，这可能进一步肯定他们对"女性喜欢被性侵"的错误认知，并巩固其行为。要让孩子清楚：那样的情况是极个别的例子，是非常态的，而且这样配合常常是受害人为了避免更大的伤害不得已而为之。因此，不能以此认为伤害行为不存在。

3. 孩子已经知道，实施性侵犯是会受到法律惩罚的，这非常好。父母可以进一步帮助孩子发展个人的责任、同理、悔意，以及在情绪、理智两个层次上，对侵害行为有罪恶感。

4. 帮助孩子清楚了解性侵犯循环及从犯罪中得到情绪满足的事实，以健康身心取代行为、生理、认知、情感功能失调；性侵犯开始之后，便可能有一个连续性，改变需要更多的努力。要让孩子相信，他其实有很多机会可以终止自己的行为，让他对自己的改变有信心。他求助，就说明他已经很努力想改变，这是非常重要的基础。

5. 帮助孩子确认再犯的过程，分析自己的行为，及早中断幻想，中断行动；帮助孩子理解性侵犯的思想顺序：性幻想—对幻想的合理化—计划—未受到禁止—行动。侵犯的实施，通常是无法处理情欲幻想。在出现情欲幻想时，不要合理化，要帮助他打破合理化。

6. 发展广泛的再犯预防计划，自己要学会发现再犯错误的迹象，以便意识到时立即中止。这些再犯的迹象，正是他以往性侵犯前情况的再现，孩子比任何人都清楚。孩子锁定性幻想的目标时，等于已经接触到了潜在的受暴者，情况非常危急了，应该让自己回避那个人。总之，要有一个让孩子发现危险因子的技巧，然后才可以中止，无论靠自己，还是靠求助于外在的监控系统。

7. 鼓励孩子学习自我监测的技巧，比如，写日记，写下自己的幻想，分析这幻想是扭曲的，写日记的方法许多时候可以有效地实现自我控制。

8. 建立外在的监控系统，帮助他督促。比如，"你再克制不住的时候，可以和父母说"。

9. 持续地指出孩子的正面价值；帮助孩子发展社会兴趣；持续划分孩子身为人的价值及侵害行为所造成的破坏和错误；发展适当的自我价值感；辨认和创造机会，让孩子对其他人有正面贡献，使其确认这些贡献对其他人造成积极影响；同时帮助孩子建立健康的行为模式以取代不健康的行为模式，发展朝向康复的动机和承诺，比如，通过自慰释放性欲，开始一份符合自主、健康、责任三原则的恋爱关系，等等。

4　12 岁的儿子性骚扰女老师

家长咨询：

我儿子 12 岁，上五年级。老师找我们家长，说他摸过女老师的屁股，老师批改作业时他还用胳膊碰过老师的胸。班里女生也和老师报告说，他摸过多个女生的腿。

我们平时很注意性教育的，他上幼儿园后，就再没有和母亲洗澡，6 岁和父母分床睡。刚上学不适应，父母管理很严格，打得很厉害。

现在父亲会陪孩子打球、旅游。孩子学习成绩很优秀，看书很多，道理讲得一套一套的。出现这个问题，妈妈教育过孩子，孩子一再说："我答应以后不这样做了，就不会做了。"但是，他还是重复这样的行为。

如何消除孩子这样的行为？

方刚回复：

分析

1. 许多家长以为，不和异性父母洗澡、早早分床，就是正确的"性教育"，其实是错误地理解了性教育，也狭隘地理解了共浴和共床。这个案例就告诉我们：这些与孩子未来对性的关注和实践可能没什么关系。

2. 一个行为之所以会持续，因为得到的正面奖励大于负面惩戒。已经进入青春期的男孩子，对性和身体充满好奇，在上述性骚扰的行为中得到了快感的"奖励"，因为年龄小，没有受到足够的负面惩戒，这是持续的根本原因。

建议

1. 清楚地告诉孩子，他所做的是性骚扰行为，是触犯法律的。年龄不会永远成为他的保护伞。

2. 请老师和同学在遇到类似行为的时候，立即清楚、明确地告诉他："你这是性骚扰行为，不可以！"

3. 推动老师在全班进行性教育，让孩子们了解性骚扰，学会尊重他人。

4. 父母对孩子"打得很厉害"，这不是管教，而是暴力，是被《中华人民共和国反家庭暴力法》严格禁止的，必须停止。否则，按照《中华人民共和国反家庭暴力法》的规定，任何人都可以报警。

5 儿子性骚扰同学，爸爸说：不要小题大做

家长咨询：

我儿子 13 岁，总对女生动手动脚，摸一下，抱一下。课间下楼的时候，会对同学说"你们看着，我去摸她"，便去了。

老师找他谈过，没有用。后来了解到，他看过 A 片。

老师和他父亲谈，他父亲不以为然，说：您小题大做了吧。

我作为妈妈，该怎么处理？

方刚回复：

分析

青春期的男孩子，把这样的举动当成对自己"男子汉气概"的一种炫耀了。这显然是缺乏性教育的后果。

建议

1. 父亲的观念对孩子会有比较大的影响，甚至有可能会助长孩子的行为再次发展，父亲需要学会尊重女性和尊重他人的身体权。妈妈首先应该和爸爸达成共识，这件事情并不是爸爸认为的"小题大做"，可以用自己做比喻："如果你看到我被别的男性做出这样的行为骚扰，你会有怎样的感受和想法？"夫妻双方达成共识是最好的教育形态。

2. 孩子的行为，很可能是受了色情片的影响，错误地认为色情片里的人际互动模式可以照搬到自己的现实生活中。要清楚地告诉他：色情

片里的女性和现实生活中的女性不一样，不应该去模仿 A 片中的做法，那不仅是触犯法律的，也是不道德的，是会被人谴责和轻视的。同时，告诉孩子如何尊重他人。

3. 孩子的行为，可能有一定程度向同学炫耀"我很能"的心理。要告诉他：骚扰别人并不是值得骄傲的事，也不是男子汉气概的表现。孩子也可能想通过这样的行为吸引别人注意，青春期的孩子希望被别人肯定和喜欢。要发现孩子的优点，用优点赞美和激励他，同时告诉他，性骚扰的行为可能使别人反感，而不是赞赏你、接近你。

4. 建议老师在班会上讨论 A 片的问题，讨论对性骚扰的看法。有些孩子小，并不一定清楚性骚扰的危害所在，所以，要告诉他们。在这样的讨论中，要特别注意把感觉受到骚扰的孩子的声音传达出来，把 TA 们的反感和害怕说出来，这对骚扰者也是一个教育，同时还要教给大家如何应对性骚扰，这将成为一举多得的性教育。

6 儿子拿性器官图给同学看，是性骚扰吗？

家长咨询：

我儿子 6 岁，刚读小学一年级。前几天班主任老师气愤地找到我，说我儿子"性骚扰"女同学。

事情的原因是，全班在图书室看书的时候，我儿子拿到一本生理知识的书，翻到生殖器那一页给女生看，人家不看，他追着让人家看。

老师告状，我觉得挺没面子。但是，孩子还小，说他"性骚扰"，我感情上接受不了。

方刚回复：

分析

1. 性质上是性骚扰，但是一年级的小学生做这个事情，不宜简单地扣帽子。孩子可能真的不知道不应该这样做，因为从来没有人对他进行过性教育，他只是觉得这样好玩。我们要保护两个孩子都不被伤害。

2. 这个事件再次提醒我们，父母应该学习相关的知识，和孩子坦诚地沟通，把一些问题扼杀在萌芽状态，或者预防在先。

建议

1. 在各种防性骚扰教育的影响下，老师指责您的儿子"性骚扰"，虽然不应该，但是也可以理解和谅解。所以，不要怪罪老师。

2. 您觉得孩子"还小"，但是，受骚扰的女同学所受的伤害并不会小。而且她也很小呀，她并不会觉得您孩子"还小"。

3. 您告诉孩子："勉强别人的事都是不应该做的。像女生不想看，还要给人家看性器官的画面，性质上就是性骚扰了。你可能还不懂，所以你改正了就是好孩子。"

4. 在孩子明白之后，让孩子向女同学道歉，保证今后不再犯同样的错误。这也给那位受到骚扰的女孩子一个交代。

5. 必要的时候，您作为家长，向女孩子的父母道歉。

6. 您还可以建议老师借机进行性教育，虽然事情可能只是发生在你的儿子和那位女同学之间，但其他同学可能也看到了、知道了。而且，事件的发生也说明这个年龄的孩子们确实关注性问题了，确实需要性教育了。不能再亡羊补牢了。

7. 性教育就可以从这本介绍人体器官的画册开始，老师借助此书给孩子们讲解身体器官、男女差异，同时也讲身体权以及自我保护，讲我们应该怎样尊重他人。

7 12 岁男生在班里脱裤子

家长咨询：

我是一个 12 岁男孩子的妈妈。老师前几天向我反映，我儿子在班里脱裤子露阴，让我好好处理。我一个人带孩子，他爸爸早就不在了。为了管好他，我费尽了心思。老师告诉我这件事后，我又暴打了他一顿。

孩子性格内向，与人格格不入。

方刚回复：

分析

1. 妈妈对孩子存在家庭暴力，原生家庭可能与孩子的行为有关。这个孩子整体的心理健康需要关注。

2. 孩子"露阴"的具体情况缺少详细介绍，这在一定程度上影响我们了解真相，给出更有针对性的建议，所以只能针对目前家长提供的信息给一些普遍化的建议。

建议

1. 询问一下儿子，是在什么情况下露阴的，希望达到什么目的，效果如何，同学的反馈是什么。

2. 告诉儿子，无论什么原因，在班里脱裤子是不对的，那样是对其他人的不尊重，会侵犯其他同学的权利。如果是故意为之，就是性骚扰行为，可能受到法律处罚。他可以选择其他不侵犯别人的方式达到目的，如果那个目的本身是对别人有伤害的，就放弃那个目的。

3. 如果已经有同学受到伤害，你要先向同学们道歉。

4. 一定不要使用责备的语气，孩子没有受到好的性教育不是孩子的错，恰恰是父母、学校、老师的失职。

5. 您对孩子用暴力方式"管教"，是非常不适当的，这是家庭暴力，是触犯了《中华人民共和国反家庭暴力法》的行为，可能会受到法律处罚。另外，暴力的方式无助于解决孩子的问题，反而可能制造新的问题。"妈妈的费尽心思"，让人感觉妈妈的控制欲很强，主观意识也强，需要学习如何去尊重与平等地交流。建议妈妈分点心思在自己身上，做孩子的好榜样。

6. 孩子"露阴"可能和他的性格有关，而这种"与人格格不入的性格"可能和您（母亲）对待他的方式以及父亲的缺席有关。建议您带着孩子一起找专业的心理咨询人员做心理咨询，帮助自己和孩子全面成长。

8 这是性欺凌，还是性玩笑？

家长咨询：

我儿子读初二。

老师向我告状：我儿子总是逗着玩似的摸一下别的男生的阴茎，有的男生不以为然，也有的男生很反感。有一次，我儿子和另一个男生发生争执，还强迫那个男生脱掉裤子，用脚踩那个男生的阴茎。

老师让我们父母管一管。该怎么管呢？

方刚回复：

分析

1. 男生强迫同学脱裤子、踩阴茎的行为，是明显的校园欺凌。不能按"逗着玩"来理解了。老师口中"逗着玩"似的摸其他男生阴茎的行为，也要重新评估，具体了解，以确定真的是同龄伙伴间的玩笑，还是校园欺凌。

2. 校园欺凌的施加者，通常来自有"家庭暴力"的原生家庭，所以对于这个男生的家庭环境也应该给以关注。

建议

1. 您的孩子强迫同学脱裤子、用脚踩同学阴茎的行为，属于校园欺凌。家长不应该包庇孩子，那样只会纵容他的欺凌行为，是害孩子。所以，应该支持学校依据反欺凌的相关法律、校规处理。

2. 您可以明确地告诉孩子：你的做法属于校园霸凌中的性欺凌。如果是成年人，会受到法律的严惩。但他是未成年人，希望可以认识到自己的过错，向当事同学道歉，保证今后再也不这样做。

3. 反思自己的亲子关系，在对孩子的教养过程中是否存在家庭暴力，家庭暴力会影响孩子的健康成长，强化孩子违反社会规范的行为。

4. 无论是校园欺凌，还是普通的"玩笑"，都要告诉孩子：阴茎是男性的私密部位，不仅不能摸别人的，自己的也不该让别人摸。随便摸人家的隐私部位，说轻了是对别人的不尊重，说重了是对别人的性骚扰甚至性侵犯，所以应该绝对避免。如果您孩子真的不清楚自己行为的性质，真的当逗着玩了，把这一点清楚地告诉他，相信他就会有所转变。

5. 如果交流顺畅，适当的时候还可以问一下：是不是也有人曾经这样摸你呀？他那样做是不对的，以后再有人这样做，就要报告家长或老师。

6. 建议老师对班上同学就此事件开展反欺凌教育，让学生了解校园欺凌及该如何应对。

9　女儿摸男生的腿

家长咨询：

我是爸爸，女儿 15 岁，自己撰写"性爱小说"，并将部分小说在同学间传阅。

她的同桌是一个很开朗的男生，他向老师反映，说我女儿经常偷摸他的腿，给他造成很大困扰。

女儿也经常高调地自称是"腐女"，经常通过网络、电视等媒体了解各种"性爱"知识，或匿名在 QQ 里与陌生人暧昧网聊。

当老师了解到这些情况后，告诉了我们家长。

老师担心此事会给班组带来不好的影响，希望恰当处理。但我们也不知该如何与她交流。

女儿为单亲，自小跟随我生活，去年我再婚，孩子也愉快地接纳了新的妈妈、新的家庭。

方刚回复：

分析

许多女孩子家长觉得："我家是女孩儿，不关心性。"这个咨询让我们看到，传统的性别刻板印象再次受到挑战。以往男孩子做的，现在女孩子也会做。

建议

1. 父亲可以针对老师反馈的几点，逐一处理。但和孩子的交流，应该是平等、尊重的，增能赋权的，而不应该是责难的。

2. 不要轻易给孩子写的东西贴上"性爱小说"的标签，老师要了解情况，是否真的是性爱小说。而且，即使有性描写，15 岁的女孩处于青春期，写这样的文字也是正常的，是性幻想的一种方式。在同学间传阅，要留意同学的态度和反应，如果有同学对女孩产生偏见，就应该让女孩学会保护自己。

3. 摸男生大腿这事，涉嫌"性骚扰"。要清楚地告诉女孩：并不是每个人都喜欢被摸，即使是美女摸，这个男生也可能不喜欢。别人不喜欢，就不要摸别人。你可能是表达喜欢和好感，对方却可能疏远你，可以换别的方式表达好感。

4. 女孩想了解性爱知识，没有什么错。这个年纪关注性信息，是非常正常的事。每个人都有权利了解性的信息。学校性教育、家庭性教育没有跟上，孩子自然会从网络等社会渠道了解性的信息。如果想避免错误信息的误导，就要进行专业的性教育。当然，也可以提醒女孩：网上写的不一定都是对的，要看专业人士写的专业书。

5. 关于暧昧网聊，父母不能简单地禁止或反对，应该理解孩子的交友需求，理解"暧昧网聊"同样是满足性需求的一种方式。同时也提醒孩子，注意网聊的安全性，规避潜在的风险，保护好自己。

6. 至于说这个女孩子带给班级的负面影响，其实未必。孩子们对一件事情的看法，和老师、家长通常不一样，不要把别的同学想象成小白。老师更应该担心不做性教育对班级的影响。这件事其实正是开展好的性教育的绝佳机会，就此事所涉及的与性相关的价值观、人生观进行探讨，对全班同学都是一次自我成长及提升的机会。

7. 如果有机会，也要对被摸腿的男生进行性教育，分享身体权概念。

8. 父亲不必因为孩子处于单亲家庭、重组家庭而有压力，担心这样的家庭对女孩的性态度、亲密关系有影响。这二者之间没有必然的关系。何况，女孩已经"愉快地接纳了新的妈妈、新的家庭"，这样很好了。

10　榜样孩子也犯性错误

家长咨询：

我是孩子的妈妈。儿子现在读小学六年级，从幼儿园开始和同一拨同学在一起，直接升到小学。孩子们和他们的家长我都非常熟悉。儿子从小学习非常出色，一直是三好学生、学校的标杆式人物，光芒四射的那种。

五年级的时候，有一次在学校游泳，儿子摸了一位女生的胸部。女生回家后和她妈妈说了，她妈妈没好意思直接和我们说，而是和别人说了，别人又转告了我们。我和他爸爸听到后很吃惊，批评了儿子，告诉他不可以做这种事。

现在孩子在学校住宿。老师发现他偷拿了女生的两条内裤，藏在自己的枕头下面。老师没有对外说，因为考虑到要保护孩子。老师单独告诉了我们，我们又教育孩子：绝对不可以这样了。

学校的卫生间是隔板式的，一位女老师上厕所的时候，觉得有人在隔壁板下方偷看自己。调了录像，看到那个时间只有我儿子进了女厕所。学校也本着保护孩子的目的，没有声张，偷偷告诉了我们，让我们加强教育。

但最近的一天凌晨三四点，儿子跑进女生宿舍，钻到一个女生的被窝里，抱住她。女生惊醒！大叫。

学校对学生们解释，是我儿子起夜睡糊涂了，走错房间。但通知我们：不许我儿子再住校了，于是我们每天接送孩子。

学校还取消了我儿子原定的一系列荣誉，比如，升旗手、代表全体同学讲话、三好学生等。

我们批评孩子了，千万不能再这样了，但还是担心。

方刚回复：

分析

1. 学校前几次"保护孩子"，实质上是纵容了孩子，没有让他为自己的错误行为承担责任，付出代价，在一定程度上助长了他后来的行为。

2. 学习成绩好的孩子有各种光环，但是，功课学得好，缺少好的性教育，同样会毁了一个孩子。

建议

1. 很明显，孩子处于青春期的萌动中，但是性教育缺失，现在到了补课的时候了。要对孩子进行全面的性教育。只重视学习成绩，轻视人格成长，是不行的。性教育应该是全面的性教育，首先要和他清楚地说明，他的那些做法，已经是非常严重的违法犯罪行为了，如果不是因为年龄小，就会受到法律的处罚了。

2. 让孩子认真地向被他性侵犯的女同学、女老师道歉。从上述文字看，他应该一直没有道歉，道歉是让他自己承担责任的表现。

3. 学校应该依据相关规定，给予他必要的惩戒。以往老师和学校对他的"保护"，并没有起到警醒他的效果，家长的批评轻描淡写，孩子仍然没有付出代价，这些做法看起来反而像是纵容了他。应该把"学习好"和他的性骚扰行为区别开，该赞赏的赞赏，该处罚的处罚。必须受到足够的惩戒，才能触动他、教育他。

4. 家长也要关注一下孩子全面的心理健康。学业太优秀的孩子，为了符合父母、老师的期待，内心也许压抑了很多情绪，从而通过在性方面的"越轨"得到释放。

5. 虽然要惩戒，但还是要避免孩子"破罐子破摔"，关注孩子在经历此事件后的心理健康。该肯定他的还是要肯定，鼓励他积极向上的部分。

6. 要关心受到性骚扰的女同学，确保她们的心理没有受到此事件的影响，同时对她们进行身体权的教育。

性别气质、性别认同

引言

人类犯的最大错误之一，便是依据生理性别，将人类简单地分为男人和女人，然后又分别加以刻板的社会性别规范。

社会性别刻板印象，限制着青少年，甚至成人的充分发展与自我实现，压抑着我们生命的潜能。所以，这已经是被全世界性别学界和有识之士所普遍诟病的了。

今天，我们倡导的是性别气质多元、兼性气质。同样，我们也尊重性别的自我认同，即不以生理性别为判断性别的标准。

青少年存在非性别常规的表现，包括自我感受（例如，女孩声称自己是男孩子，要去做手术改变现有的生理性别）、群体归属（例如，女孩子只和男孩子玩）、身体性征感受（例如，男生偷偷地服用激素类药物，害怕发育得太像男生）、期望别人如何看待自己的性别（例如，女孩子要求理男孩子的发型，男孩子买女性衣服穿上拍视频）等，可能会认同自己是跨性别，也可能不会。不管他们是否认同自己是跨性别，这些表现都是正常的，是人类性别多元的体现，但他们可能会因为这些非性别常规的表现，而承受社会压力和自我压力。家长需要理解和接纳孩子，帮助孩子应对社会压力和自我压力。

1 洋娃娃被藏起来，儿子哭得撕心裂肺

家长咨询：

我家儿子 5 岁了，可能从小我自己带着睡，没太注意，让他习惯了摸着我的文胸扣睡觉。

有一次给他买了个洋娃娃，刚好衣服上有个扣，很像我的文胸扣，孩子很喜欢，睡觉时要抱着洋娃娃，现在这个洋娃娃是他最爱的玩具。

他爸爸怕他变得像女孩儿一样太娘，有一次把这个洋娃娃藏起来，他哭得撕心裂肺，没办法，又只好拿出来给他了。现在全家人对他喜欢洋娃娃这件事都很焦虑，不知道该怎么办。

方刚回复：

分析

1. 摸文胸扣也好，抱洋娃娃也罢，孩子是在寻求安全感或陪伴，家长从性与性别角度的焦虑过多了，强行夺走是错误的。

2. 摸文胸扣和抱洋娃娃睡觉之间没有必然的关系；有关系也是好的，抱洋娃娃相比于摸妈妈的文胸扣起了一个替换效应，是有益的。

3. 爸爸不让儿子玩洋娃娃，是对男孩子性别气质的担忧，即"怕他变得太娘"。

建议

1. 如果现在孩子还摸文胸扣，而妈妈实在不喜欢被摸，可以做出不

经意的样子，自然地拉开他的手，引导开，不宜强硬地禁止。

2.孩子通过玩具探索世界，探索内心，应该给孩子自由探索的空间，不应该剥夺孩子喜欢的玩具。

3.男孩子玩洋娃娃，有助于从小培养他细腻、关心、照顾他人的品性，使他成年后更有可能成为好伴侣、好父亲，所以不应该阻止。

4.将温柔细腻的男孩子称为"娘"，是一种污名。国际主流社会现在倡导的是"兼性气质"，兼性气质指无论哪个性别都兼具了不同的性别气质，而不是传统社会倡导的男性阳刚、女性温柔。具有兼性气质的人被认为是最强大的，无论是在私人生活领域还是职场都将是游刃有余的。培养兼性气质的一个重要办法便是打破童年玩具的性别划分，鼓励男孩子和女孩子一起玩洋娃娃、玩具枪等玩具。所以，应该支持孩子玩洋娃娃，为他打开所有的门和窗，让他自由地探索性别实践的多种可能，而不是禁锢他的成长空间。

2　要培养孩子的性别气质吗?

家长咨询:

我儿子今年3岁了。

有朋友说：3—6岁是对男孩进行性别教育的最佳时期。在男孩3岁的时候，应该让他从事一些"体力活儿"，如搬纸箱、保护更小的孩子、帮妈妈拿东西等。告诉他，男孩应该照顾女孩、保护家人等。说这样可以把小男孩慢慢培养成有担当的男子汉。

这种说法靠谱吗？

方刚回复：

分析

我们反对传统的男女二元划分的性别刻板印象教育，倡导兼具传统意义上分别属于男女的所有优秀的性别气质，即"兼性"教育。

建议

1. 性别教育是伴随人的一生的，不能说 3—6 岁最重要。让男孩子做"体力活儿""照顾女孩"，将其培养成"有担当的男子汉"之类的说法，背后仍然是社会性别刻板印象的建构。

2. 传统的性别教育，强调性别的二元划分，男性必须往勇敢、阳刚、坚强方向上培养，女性必须往温柔、细腻、体贴上培养。这样做会伤害那些不符合"标准"的孩子，而且美好的品格应该都为男性及女性所有，何必区分呢？只要是孩子体力能承受的劳动，无论是男孩，还是女孩，都鼓励参与，承担家庭责任；女孩子也不一定就要男孩子照顾，女孩子也可以照顾男孩子；男孩子、女孩子都应该有担当。

3. 除了这些"体力活儿"，还要教男孩子如何表达情绪，如何求助他人，如何照顾自己等。不仅要"有担当"，还要有爱与被爱的能力。还可以教男孩子抱娃娃、刺绣这些传统意义上女孩子的活动，培养他的兼性气质。这样培养出来的孩子会更有灵活性，更宽容，更适应社会发展。

3 高三的儿子爱化妆

家长咨询:

我儿子读高三,长得很英俊,喜欢打扮,还打耳洞、化妆、喷香水、戴耳钉、戴很女性化的围巾。

我们一直觉得没什么,尊重他。但是,老师不愿意,找到我们告状,说这"不正常",不符合学生的仪表。

我们应该怎么做?

方刚回复:

分析

这里面其实涉及两个问题:一个是学校对学生仪表的规定,另一个是社会主流文化对男性仪表的规定。应该分别看待和处理。

建议

1. 向老师了解一下学校对学生仪表的具体规定,比如,学校有相关规定不许学生打耳洞、戴耳钉、化妆、喷香水吗?如果女生可以做,那么男生也可以做。如果有规定不能打耳洞,那就都不能做。和孩子沟通,在校期间遵从学校规定,以便更好地融入集体和社会,但平时在家中可以自由地做真实的自己。

2. 从尊重性别多样性的角度来理解这个孩子的性别实践,不要因为他"女性化"的表现歧视他。家长可以把自己的想法坦诚地和老师沟通,孩子的这些行为并不会损害其他人的权益，也请老师不要因此对孩子另眼相待。

3. 了解一下孩子在学校是否因为自己的仪表而受到其他同学的敌意或歧视，如果有，家长要坚定地支持他。

4 白净的儿子只和女生玩

家长咨询：

我儿子 8 岁，长得清秀、白净、文弱、瘦小，与班上疯玩的男孩子玩不到一块儿，总是与一群女孩儿一起玩。加上他性格内向、不擅言谈，被个别学生当笑柄。我有点儿担心孩子，需要干预吗？怎么做？

方刚回复：

分析

家长的担心，可能针对孩子的性别气质，也可能针对孩子被个别同学"当笑柄"。后者是真正需要担心的，但应该从正确理解前者开始。

建议

1. 您描述的孩子外表、性格，以及不喜欢和男生一起玩，只能说是性别气质的实践不符合传统的男性角色。每一种性格都有它的优势，家长要善于发现，并强化该优势。比如，内向的孩子说话少，善于倾听，更关注内在。现在国际的主流价值观是支持性别气质多样化，反对男女二元划分。社会性别刻板印象是否认个体差异，认为男性一定要这样，女性一定要那样，这对男女都构成伤害。所以，您孩子的性别气质没有什么需要担心的。而且，孩子这么小，未来还有很大的发展空间。

2. 也许您担心这样的男孩子会不会是同性恋或跨性别，不用这么焦虑，很多男孩子这个年龄都是这样的性别气质。而且，如果是同性恋或跨性别，也改变不了什么（参看本书同性恋、跨性别部分的答问）。

3. 家长不要强行干预孩子的性别表达，尊重他自己的处事方式，支持和保护他在安全的环境中自由地探索自己的性别。

4. "当笑柄"这件事，要给予高度重视，因为这就是对孩子不友好、不安全的环境。要帮助孩子学习面对排斥和压力，勇敢地做自己。

5. 和老师商量，是否可以讲一堂关于性别气质的课程。让学生懂得：性别气质不应该有刻板印象，每个人都是不一样的，大家应该相互尊重，相互友爱，不要取笑同学，更不能欺负同学。

5　儿子有许多女孩子的表现

家长咨询：

我是一个 13 岁小男孩儿的妈妈。

我儿子是外婆外公带大的，晚上与外婆睡觉的时候多一些。每年放暑假或者过年跟着我一起睡。

我发现他有以下行为，我很担心这些是不正常的行为：他晚上走路一定要挽着我的手走，睡觉总是喜欢与我头碰头或手挽手，给他穿什么花色的衣服都行，粉红色的女孩子的他也能穿，而且他很听话，我让他洗饭碗、洗衣服，他也没意见。

以上这些表现我认为都是女孩子才该有的嘛，怎么一个男孩子也这样呢？！

我总是暗暗地想：他会不会变成女孩？

方刚回复：

分析

家长没有弄清楚性别认同和社会性别实践的差别，而且也需要反思一下自己明显非理性的焦虑来自哪里。

建议

1. 我并不觉得您儿子的这些表现是"女孩子才该有的"。挽手走路、睡觉头碰头，是和妈妈亲密的表现；给什么衣服就穿什么衣服，说明很体贴妈妈呀，不给妈妈出难题；妈妈让干家务就干，不正是许多家长梦寐以求的吗？胆小的原因很多，而且女孩子也并不都胆小，男孩子也不都胆大。我反而有些好奇的是，如果您担心某些花色衣服不适合他，为什么给他穿呢？您让他帮忙做家务，是希望他拒绝吗？

2. 我觉得您的担心与焦虑有些过头了。性别实践是一个多元的、建构的过程，您最好的态度就是让孩子顺其自然。过分的担忧焦虑，以及在此基础上的干预，反而可能会对孩子心理造成负面影响。

3. 孩子是否想"变成女孩"，属于性别身份认同。您描述的，属于社会性别角色实践。二者之间并没有必然的联系。而且，即使孩子真的想"变成女孩"，也不是您现在的担心可以解决的，那时再面对那时的问题吧。

4. 您可以反思一下，强大的焦虑到底因何而来？是担心被外公外婆宠坏了，还是对于 13 岁还和外婆或者妈妈一起睡觉感到不安？只有找到焦虑的源头，才能消除这些焦虑。

6 初二男生买女鞋，穿女装

家长咨询：

我是一位初二男生的母亲。我和丈夫关系很好。

儿子学习成绩一直很好，但来了一个新的数学老师，孩子不喜欢他，就开始不听他的课，不做数学作业，成绩也有所下滑。逐渐所有作业都不做，老师和校长找他，他都不搭理。孩子最近睡不着，半夜 1—2 点才能入睡。

现在的问题是，儿子有在家中穿女装的习惯。他从幼儿园开始就穿女鞋；小学时，他去别人家门口拿女鞋，穿几天后又还回去；上初中后自己上网买。最近买又高又尖的女鞋，用鞋后跟狠狠地踩踏苹果一类的东西发泄，还买过裙子等女性衣服，穿上拍视频。

我们问他为何要这样。他说，穿女鞋，开始是觉得好玩，后来是在网上了解到，这是个发泄烦恼的方法，他就尝试，觉得用高跟鞋跟踩后心里很舒服。

我们对孩子的状况感到困惑，不知如何帮助他。

方刚回复：

分析

1. 妈妈的咨询涉及三件事：学习出现问题；穿女装；踩苹果发泄。

2. 上述三件事之间不一定有直接的关系，踩苹果发泄也许和学习压力大有关系，但和穿女装没有关系。

建议

1. 这个年龄孩子的学习确实很容易受到老师的影响，家长首先要清楚了解数学老师与孩子成绩下降、不喜欢学习之间的关系，争取与老师配合，激发孩子的学习动力和激情。

2. 对于孩子穿女装的行为，家长不要给孩子压力，不宜贴上"易装癖"等污名化标签。这属于一种性别实践的探求。应该允许孩子在家庭中安全地探索性别的多种可能。家长不必过多担心，担心也没有用，强行禁止改变不了孩子的性别探索，只能尊重他。

3. 踩踏苹果发泄压力的做法可能与学习压力大有关，但与性别认同或性别气质实践没有关系；小心观察是否可能出现暴力行为升级。

4. 了解孩子的压力源，引导孩子用非暴力的方式处理压力与焦虑。

5. 和孩子强调：穿女装、女鞋是性别探索，没有错，但不要偷拿别人的，在网上买是可以的；如果在家庭以外尝试穿女装、女鞋，则可能招来社会非议，要做好面对准备。

7　女儿的朋友都是男孩子

家长咨询：

我女儿今年7岁半。我们小区男孩子较多，她的两个好朋友都是男孩子，平时都和男孩子一起玩。孩子爸爸认为这样对她性格的养成不好，怕她以后不像女孩子，像个男人婆；另外怕她性早熟。所以不让她跟男孩子玩，让我帮她找些女孩子做朋友。

我想问，小女孩能主要跟小男孩做朋友吗？这样有没有什么不好的影响？

方刚回复：

分析

爸爸的观点背后是对性的焦虑。

建议

1. 听起来爸爸的脑子里还有"男女有别，授受不亲"的观念。可是，对于一个7岁半的孩子来说，那些都是一起快乐玩耍的小伙伴，不是爸爸想象中的"男人"。

2. 和异性小朋友一起玩，与未来的性别气质，没有什么必然的关系。或者，即使有关系，让女孩子受男孩子影响，性格中多些"勇敢""大大咧咧"，不是也挺好吗？ 为什么一定要把女孩子塑造得娇气、胆小、害羞、内向呢？兼性气质，才对孩子最有利呀！

3. 和异性交往多，去除异性的神秘感，反而可能会自然地接受性别的差异。何况，现在的情况并不是孩子自己选择的结果，成长环境里男孩子多，她都可以很好地交往，说明孩子的交往能力和适应能力很强。

4. "性早熟"是一种生理发育上的概念，异性交往并不会带来"性早熟"。爸爸可能担心女儿受到男孩子的性骚扰，那么重要的是要对她进行一些防止性骚扰，学会尊重自己和他人的身体的教育，而不是阻止她和异性交往。

5. 最重要的是让孩子快乐、自由，让她按自己向往的方式生活和成长。强行干预，反而可能会给她带来负面影响。

8　女儿明显男性化

家长咨询：

我的女儿读小学一年级，太像男孩子了，有明显的男性化特点，剪短头发、和男孩子玩、不穿裙子。这以后怎么找对象呀？她是不是同性恋？该不该和她谈谈呢？怎么谈？

方刚回复：

分析

家长担心的背后，是受性别气质刻板印象的影响，也是同性恋恐惧症。

建议

1. 太像男孩子、有明显的男性化特点等，都是社会性别气质的实践。每个人都是非常独特的，强行以生理性别差异进行男女的二元划分，是错误的、过时的价值观。相信她的同龄人对于性别的理解也是多样的，不必为她"找对象"过早焦虑。

2. 孩子在成长过程中，性别气质也可能会发生变化。

3. 社会性别气质实践，和性倾向没有必然的关系。即使是同性恋，也是别人无法改变的。

4. 家长不必对孩子进行性别刻板印象的教育，孩子从来不缺少应该如何"像"自己那个性别的教育，整个社会都在对她进行着这样的教育。所以，如果她仍然不按那个规范做，我们就应该尊重她，而且要保护她。

5. 向孩子了解，或者向老师了解，有没有同学歧视她、污辱她或取笑她。如果有，就要推动老师教育其他学生，不应该这样对待同学，无论她或他是多么与众不同。也要帮助女儿，让她有力量去面对别人给她的压力。

6. 即使没有人取笑这个女孩子，也可以适时地教育。也就是说，如果我们的身边存在一个性别多元的孩子，我们的目标不是要"改造"TA，而是要保护TA，避免出现针对他们的歧视与伤害。这样的教育将使所有孩子受益，使他从小懂得尊重与自己不同的人，不仅是对性别气质表现上与自己不同的人，而是对所有的人。这就是人格全面成长的教育。

9　5岁女儿声称自己是男孩儿

家长咨询：

女儿5岁了，一直声称自己是男孩子，不穿女孩子的衣服，不穿裙子，去理发的时候要求理男孩子的平头。

我们说：你是女孩子。

她说：你们忘了吗？我是男孩子呀。

我们从来没有把她当男孩子养。她现在坚持穿衣都要像男孩子那样，也只和男孩子玩。

这就是传说中的"跨性别"吗？她现在已经上幼儿园了，很快又要上小学了，我们非常担心她这个样子被别的小朋友嘲笑。

我们应该如何正确引导？

方刚回复：

分析

1. 孩子可能是跨性别者，也可能只是不同的社会性别实践，这个需要等她再长大一些自己确认。未成年人可能处于性别存疑、探索的过程中，如果这些非性别常规的表现不是长期持续的，就未必会持续到成年期，也未必有激素治疗或手术的医疗需求，不需要急于给孩子贴上"跨性别"的标签。但如果这些表现是长期持续的，尤其是到了青春期时出现对自身性征的厌恶、对另一种性征的渴望以及需要获得激素或手术的帮助，那么认同自己是跨性别的可能性更大。如果孩子认同自己是跨性别者，家长需要增加对跨性别者的了解，帮助孩子应对性别过渡带来的挑战。

2. 资料显示，自我报告自己是跨性别者的案例，最早是3岁。跨性别的成因目前还没有明确结论，一般认为先天和后天因素都有可能对其产生影响。孩子的性别认同、性别表达与对自身性征的感受，在性别探索的过程中可能会发生变化，但没有证据证明外力的干预能够扭转改变。家长需要多了解孩子的情况和需求，以便更好地帮助孩子，并接纳孩子自身可能出现的变化，但不应通过外力的干预来扭转改变孩子。

建议

1. 5岁的儿童仍处于性别认同探索时期，虽然现在表现出一些符合跨性别者的特征，但也要避免过早下结论，也不需要焦虑，当下让孩子快乐地成长是最重要的。不论孩子最终认同哪种性别都是正常的，并不是所有人心理性别与出生分配性别／原生性别（生理性别）都一致，只要TA认可接纳自己，能够过自己想要的生活，又有何不好呢？

2. 父母应该学习相关的性科学知识，以接纳包容的态度支持孩子，不要给予耻感教育。父母的正确做法是接纳他们，为他们提供安全的环境，让他们自由地探索自己的性别，并且让他们在成年之后基于充分的信息判断，确定自己的性别认同。跨性别的内涵也非常多样，并不是所有的跨性别者都要做性别重置手术 / 性别肯定手术（旧称"变性手术"）。

3. 对某类服装的偏爱并不等同于性别认同。尽量尊重孩子对衣服的选择，不要干预，家长不应该以对社会性别的刻板印象来养育孩子，而应该倡导和培养兼性气质。

4. 家长可以和幼儿园、学校的老师做好沟通，一方面让老师保护孩子，避免遭受别的学生甚至是老师的欺凌，另一方面了解学校对学生穿着打扮的规范，如果孩子违反规范的话，要和孩子沟通如何既能做自己又能适应规范。如果孩子因为着装、发型、交友选择等方面受到其他伙伴的嘲弄、歧视，那家长要坚定地做孩子的支持者，保护孩子不受伤害。

10　妈妈担心儿子缺少阳刚之气

家长咨询：

我是一个初二男孩的爸爸，离婚后孩子和妈妈住。妈妈和我说她觉得儿子缺少阳刚之气，缺少男子汉的性格。请问应该如何培养？如何引导？

方刚回复：

分析

孩子妈妈对前夫表达这种担心，一半是受性别刻板印象的影响，另一半是源自单亲家庭养育孩子的焦虑，她希望前夫多关心、多陪伴孩子。

建议

1. 放下焦虑。责怪一个刚读初二的男孩子缺少"男子汉气概"，这背后体现的是一种"男性气概焦虑"。这是一个习惯于男性气概焦虑的时代，整个社会担心男人不像男人，觉得男孩子需要被"拯救"，害怕他们"变成"同性恋。但是，可能他们和二十年前、三十年前的同龄人没有什么差别，他们只是还在成长期。

2. 改变性别刻板印象。"男子汉气概"其实是一种性别刻板印象，认为男孩应该阳刚，女孩应该温柔，这是传统的二元思维。而实际上，这并不是最好的选择，当今国际上最好的性格教育是培养我们的孩子具有兼性气质，即兼具男性气质和女性气质。一个男人，既坚定又温柔，既阳刚又有耐心；一个女人，既细腻又有勇气，既善解人意又体贴他人，有理想、有毅力，这样非常好。我们可以想象一下，这样的人，无论是在职场上还是在家庭中，是不是都很有优势？所以，我们的目标是培养兼性气质的孩子，我们家长自己要有正确的观念。

3. 父亲多关心、多陪伴孩子。妈妈对前夫说的这种担忧，其实是在表达对前夫很少陪孩子的不满。从孩子成长的角度而言，父亲的陪伴非常重要，这并不是为了增加"阳刚之气"，而是让孩子感到更多的爱、支持、温暖。对于父亲来说，能够陪伴孩子也是生命中非常幸福的体验。

4. 单亲家庭放下焦虑。像许多单亲家庭的父母一样，孩子妈妈也表现出一种"单亲焦虑"，对儿子男性气质的焦虑背后，也极可能是对"父亲缺位"造成的性别影响的担心。其实，只要给孩子足够多的爱，单亲家庭中的孩子一样可以健康、快乐地成长。

自慰

引言

　　赋权型性教育提出过针对自慰的"三原则"：私密、安全、悦纳。

　　意思就是说：自慰没有害处，自慰应该在私人空间进行，自慰的人不应该为自慰行为而自责、担心、焦虑。

　　针对自慰的污名化，本质上是基于对性的污名化。当认为性不好的时候，自慰就更是不好的了。自慰有害论，是在"能够生育的性才是好的性"的价值观下的产物。

　　我们还需要具备这样一些价值观：自慰不存在"过度"的问题，能做就没有过度，过度就做不了了（表现为自慰形式的强迫症是另一回事）；在青少年当中自慰行为普遍存在；自慰最大的害处是对自慰有害的担心；遇到孩子自慰的时候，家长不是阻止他自慰，而是以前述"自慰三原则"来引导他……

　　我们需要彻底抛弃针对自慰的污名化，这些污名通常是假借科学的名义传播的。这些污名最大的害处在于：它们让自慰的青少年无法接纳自己的自慰行为，从而导致严重的心理问题。

　　在 19 世纪，自慰是病；在 21 世纪，自慰是治病的药。

1 幼儿园老师竟然指控我儿子"手淫"

家长咨询：

我儿子上幼儿园中班，前几天晚上我去接他时，老师和我告状，说我儿子午睡的时候手淫，还蒙着头手淫，满头大汗。我觉得老师多事，孩子在家里从来不这样。回来后我还生气好几天，指责这么小的孩子"手淫"，老师的师德是不是有问题？

方刚回复：

分析

1. 家长生气，很大程度是因为老师使用了"手淫"这个污名化的词语。

2. 老师向家长"告状"时的语气、态度，可能同样传递了自慰污名的信息，从而引发了家长的不适。

建议

1. 理解您的感受，您可能觉得老师用"手淫"指责孩子是侮辱孩子。"淫"本身就是一个贬义词，"手淫"不仅是一个贬义词，而且不准确。准确的说法应该是自慰。自慰有很多种方式，不一定要用手。老师缺少性学的专业背景，应该谅解她。

2. 如果老师说到孩子自慰的时候，态度是歧视的，那老师就是有错误观念的。自慰是正常的事，不能歧视。

3. 幼儿园的孩子也有正常的性反应，家长不必对此感到羞耻，也不应该因此惩罚孩子。

4. 在幼儿园自慰，老师看到了，不能排除其他同学也注意到的可能性。要培养孩子对自慰的态度：私密、安全、悦纳。可以这样和孩子说："是不是摸阴茎很舒服？这叫自慰。""在我们生活的社会中，自慰是一件私密的事，应该在自己一个人的时候做，所以在幼儿园的时候不应该做。""自慰是正常的，只要不弄伤自己就好了。"

5. 孩子蒙着头自慰，对健康不好，要提醒他睡觉的时候把头露出来。

2　女儿喜欢在床上摩擦

家长咨询：

女儿 4 岁，幼儿园老师告诉我，孩子在中午睡觉时喜欢趴着睡，并且喜欢偷偷地在床上摩擦。

我很是吃惊！如果是男孩子还好，女孩子这样太丢人了。平时我们很注意夫妻生活，不让她接触到任何与性有关的信息。我不懂怎样和孩子说这事，只是告诉她不能这样做，然后让老师盯紧一点。

现在孩子依然有这个习惯，都是在临入睡时。我非常担忧，每次发现都会狠狠打她的手或吓唬她，但一点儿都不起作用。

请求您的帮助！

方刚回复：

分析

1. 女孩子是在自慰。自慰的方式有很多种，女孩子这样摩擦就是一种自慰。

2. 父母存在男女不一致的性别标准，同时内心对性非常无知又充满羞耻感，这是父母需要改变的，否则这个女孩子未来多年都要受这样的性污名教育。

建议

1. 男女都一样，女孩子有情欲反应是正常的，并不"丢人"。家长大可不必惊慌。

2. 家长不让孩子"接触任何与性有关的信息"，并不是什么好事，是对孩子成长不负责任的行为。"无知"并不代表"纯洁"，也不能更好地保护孩子。应该让孩子接受性教育。

3. 对自慰的孩子进行惩罚，是非常严重的错误，这样做不仅不能阻止她的自慰行为，还有可能强化这一行为。最重要的是，这种惩罚从小培养了孩子对性的羞耻感、污名感，许多成年女性的亲密关系障碍、性障碍，都源于幼年时的这种教育。

4. 最好的做法是父母和孩子分享自慰的原则：私密、安全、悦纳。如果父母做不到，就交给专业人士做。父母至少可以选择"视而不见"，但绝不可以惩罚孩子。

3 自闭症男孩儿自慰怎么办?

家长咨询:

我的儿子有自闭症,读四年级。老师反映:孩子在课上和课下都经常自慰,但老师和孩子沟通这件事,孩子不理解。

我们做家长的应该怎么办呢?

方刚回复:

分析

1. 自闭症孩子的空间认知达不到普通孩子的层次,你很难跟他说清楚哪儿是公开场所、哪儿是私人场所。

2. 与自闭症孩子沟通,需要使用适合他们认知的方式。

建议

1. 老师和家长都要理解自闭症孩子的独特性,不因为他们的行为而轻视他们。

2. 用行为沟通代替言语沟通,比如,当他在公共场所自慰的时候示意他不可以,然后带他到私人空间。家长在家中可以经常做这样的引导,不可以在客厅自慰,送他到自己的房间并关上门。有一个11岁的智障男孩子,总摸女老师的胸,这位老师很聪明,他过来摸胸,老师就抓住他的手,和他一起拍拍手,像做游戏一样,然后慢慢引导他的界线感,培养他的身体界线。

4 小学四年级的儿子上课自慰

自慰

3. 要有耐心，反复重复上述引导行为，自闭症的孩子才会慢慢领悟。

4. 老师应该关注其他同学对这位自慰的自闭症同学的反应，适当引导，避免同学们伤害到他。

4　小学四年级的儿子上课自慰

家长咨询：

我儿子读小学四年级，总是上课自慰，但只在数学课上这样。可能是因为老师要求做题时计算时间，而他手慢，太紧张，所以就自慰了。

还有老师找他谈话时，他总是非常紧张，用手摸阴茎。

方刚回复：

分析

从描述看，孩子的公开自慰与紧张的情绪有关。

建议

1. 紧张时不自觉地自慰，这种情况在青少年中时有所见。这是他们应对压力时的一种本能反应，很正常，父母不必过于焦虑。

2. 很显然，这不只是性的问题，还有个性的问题、心理成长的问题。他紧张、焦虑，摸阴茎只是一个表现。缓解孩子的紧张心理，是解决问题的关键。

157 ·

3. 可以和老师进行沟通，减少孩子的压力，比如，在做题的时候只要拍拍他的后背，说一句"不要太着急"，就可能起到意想不到的作用。老师也要自省：是否对孩子太严厉了？能否试着温和地跟他沟通呢？

4. 习惯是慢慢培养的，"手慢"也是一种生活习惯，不是靠计时就可以改变的。

5. 要告诉孩子不应该在公开场合自慰。自慰是一种很正常的行为，但在课堂等公共场所自慰是不好的。建议要"晓之以理，动之以情"地帮助孩子，告诉他：自慰没有过错，但属于个人隐私。隐私对每个人都是重要的，是个人尊严的体现。如果在教室自慰，别的同学看到了，可能会不再喜欢你，觉得你是不懂得保护自己隐私的孩子。这样的教育，一是安抚了孩子，说明自慰不是坏事；二是清楚地告诉了孩子在什么场合自慰才是被文化接受的；三是进行了隐私观念的教育，这有助于孩子今后懂得尊重自己和他人的隐私。

5　自慰的儿子要求看中医

家长咨询：

儿子 17 岁，他感觉自己自慰过度，浑身无力，心理有压力。他上网查资料，认为自己肾虚，会影响自己以后生孩子，要求我们给找中医治疗。他不跟我们沟通，只相信中医治疗，反复求医。

我们该怎么办？

方刚回复：

分析

孩子没有接受正规的性教育，互联网上的信息给他提供了错误的性知识，家长需要帮助他清除错误性知识带来的压力。

建议

1. 告诉孩子：网上查的资料，许多是错误的。自慰不会导致肾虚，更不会影响生孩子，不需要去看中医。

2. 告诉孩子：自慰最大的害处，就是对自慰有害的担心。你现在所有负面的感受，如浑身乏力等，都是因为你心理压力过大造成的。

3. 孩子更相信"权威人士"，可以带孩子去看心理咨询师、性教育专家，如果他还坚持要看中医，就事先了解一下哪位中医持"自慰无害"的观点。现在许多中医也进步了，认为自慰无害了。

6 初三男生对着监控摄像头自慰

家长咨询：

我儿子是一名初三住宿生，老师反映：他对着监控摄像头抚摸性器官。这是什么原因？应该如何应对？

方刚回复：

分析

很可能与青春期孩子的性压抑有关。学校和家长对孩子回避性，不谈性，他们就会自己探索着去释放性压抑。好的性教育才是解决这类问题的关键。

建议

1. 首先确定孩子是不是故意对着监控摄像头抚摸，如果孩子没有意识到监控摄像头的存在，或者认为监控器没有开，就只是普通的自慰。自慰本身是正常的。

2. 如果确实是故意对着摄像头抚摸阴部，和孩子讨论这样做的原因，"你在这个过程中有什么感受吗？爽？刺激？压抑？或别的？""你的想法是什么？""你怎么理解这个行为？""这样做对你来说的意义是什么？"是因为对老师和学校不满进行的反叛，还是一种偶然兴之所至的玩笑或挑衅，甚或是性压抑下的一时冲动？

当然也可以半开玩笑地说："我知道你想向全世界宣告你的雄性力量，但我们可以换种更好的方式去宣告。"孩子回应之后，同理孩子的感受，理解孩子的想法。然后，家长也说一说自己知道孩子的这个事情后的感受、想法。

3. 告诉他自慰是私事，在私人空间里做就好了，对着摄像头做是不尊重自己也不尊重他人的。而且，在公共场合裸露隐私部位触犯相关法律，可能会受到法律处罚。

4. 和孩子分享担心：如果视频泄露出去，可能给你带来很大的麻烦。

5. 找到他的闪光点，赞美他，进而提示："你的不雅行为，会损坏你的形象，也可能被其他同学排斥。"从而侧面提示他不宜再进行这样的行为。

6. 因为事件涉及学校了，可能其他同学也会知道，所以家长可以建议学校开展赋权型性教育。

7 高二男生故意自慰给女同学看

家长咨询：

我儿子上高二。老师反映，他上课时大动作自慰。

先是坐他旁边的女生找到老师，要求调座位。老师问为什么，女生不好意思说，脸都红了。老师反复问，女生才说，因为我儿子上课的时候大动作自慰，还伴着呼哧呼哧的声音。

我震惊了。不知道如何做才好。

方刚回复：

分析

1. 男孩子这样做，很可能是为了给女孩子看，从而获得心理满足。

2. 男孩子的举动，涉嫌性骚扰了。

建议

1. 男生的行为属于性骚扰了，但是，即使遇到这样犯了性骚扰之错的学生，也不要把他"一竿子打死"，他可能只是性压抑，而且不知道性骚扰是非常严重的错误，是要承担法律后果的。所以，谈话要以帮助的态度，告诉他这种行为的性质，以及可能面临的法律风险。

2. 和他分享自慰的原则：私密、安全、悦纳。

3. 找到他的正面价值观，积极促进他的自尊心、进取心的提升，用正面的价值观引导他，而不是纠缠在他的错误行为上。

4. 请老师协助安抚那位女生。男生这样做的目的是骚扰女生，给女生调换座位，给他身边全换上男生，也许就好了。要求男生向女生道歉。

5. 男生大动作自慰的行为可能周围同学也会看到，班级里也许都知道了，家长可以建议学校进行较为系统的赋权型性教育，做好正向引导。

月经及青春期
女生的其他话题

关于月经的教育中，最重要的一点是去掉针对月经的污名。月经的污名化，会给青春期女孩子带来自我否定和自我贬抑。

月经不应该被视为"倒霉"和"麻烦"，应该被视为女性成长的标志，而成长总是值得欣慰和庆贺的。

同样，进入青春期之后，大部分女生开始关注外表，但是，绝大多数人永远无法符合主流文化建构的"美"的标准，这会成为一种"美貌暴力"，会对青少年构成压迫。赋权型性教育的教学中，对于外表的自我悦纳，一直是重要的内容。

伴随着身体的发育，有些女孩子也会产生羞涩感。这同样需要对身体的自我悦纳的教育。

1 先来月经的女孩儿被嘲笑

家长咨询：

我女儿读小学四年级，她是班里第一个来月经的女生，心里很害怕，也怕让同学知道，结果还是让同学知道了。一个男生说："她要生孩子了。"女儿听到后哭了。

班里多数女孩还没来月经，少数来月经的孩子总被其他同学嘲笑。女儿很苦恼：一方面，来月经时会腹痛，如遇体育课，还要坚持参加 400 米或 800 米的测试等（生理痛）；一方面，同学当面或背后笑话，有的女孩还会翻看来月经女孩书包里的卫生巾（心理痛）。

怎么处理？

方刚回复：

分析

1. 孩子们取笑的背后是对月经的无知，是对性的好奇，也有针对月经的污名态度，所以重要的是树立孩子们对于月经的积极正面的态度。

2. 家长对待这件事的态度也决定了孩子对这个事件的体验：家长的漠不关心会让孩子体验到无助；家长过于认定孩子是受害者，会加深孩子对伤害的体验。为此，家长要用恰当的态度妥善处理此事。而家长对孩子的理解和支持会成为她面对窘境的力量，处理好了便是她成长过程中一次不错的抗挫折训练。

建议

1. 告诉女儿：您可以理解她的那些委屈和担心。在她的情绪平稳之后，对她进行月经的科学知识的普及，去除她对于月经的污名感。让她知道来月经并不是耻辱，而是一件值得庆祝的事情，这证明她已经长大了，是成长的标志。同时还要告诉她相关的自我保健的知识，比如经期的护理方法等。至于周围同学的错误态度，告诉她男孩子对她的取笑，是他们错了，不是她的错。

2. 建议老师在班里进行性教育，至少讲一讲月经的知识，以及如何应对月经。当然不只是讲给来月经的孩子，或只讲给女生，要让男生也听到。让孩子们了解月经是一种平常的生理现象，是女孩子长大的一个标志。月经不是坏事，是好事，不是"倒霉"，而是成长。并不是来了月经就要生孩子，告诉孩子们月经和生育之间的联系。培养孩子们对于月经的正面、积极的认知，同时也使孩子们学习尊重自己和他人。

3. 班级里有同学嘲笑别人，这是一种很不好的氛围，老师要用心改变。翻看别人的物品是侵犯别人隐私的行为。那位男生的说法确实对您女儿造成伤害，这是需要您跟老师沟通，让男生私下向您女儿道歉的。同时他也是缺乏性教育的受害者，也是孩子，不必过于深究。

4. 需要告知孩子如果因为生理痛无法参与体育活动的话，是可以坦然地跟老师请假的，老师能够理解，这是非常正常的行为。

2 女儿让爸爸去买卫生巾

家长咨询：

最近，我女儿来月经了。我小时候来月经时，母亲告诉我："千万不要让你父亲知道，月经纸千万不能让你父亲看到。"

女儿却百无禁忌的样子，还让她爸爸给她买卫生巾去。

这样做对吗？

方刚回复：

分析

这个咨询的背后是两个现象：（1）月经污名；（2）对异性父母与孩子关系的敏感。

建议

1. 您女儿做得挺好的，说明她对月经没有羞耻感，也说明父女平时相处亲密，即使是这种女性的私密身体经验，女儿也觉得不需要回避父亲，这是好事。

2. 您母亲会那样教育您，是因为她那一代人认为来月经是一件羞耻的事情，认为女儿和父亲应该"保持距离"。我们今天倡导的价值观是，月经不是一件见不得人的事，更不是一件见不得家人的事。父女、母子之间均可以谈性，不必太敏感。

3. 您可以反思一下，自己的焦虑中还有什么影响因素。女儿刚进入青春期，未来涉及性、身体的话题应该很多，做父母的先处理好自己的价值观，才能够带领儿女健康成长。

3 来月经后，她不喜欢出门了

家长咨询：

我是孩子的爸爸。女儿读小学六年级，长得漂亮，从小就有无数的人夸奖她的美丽，她很自信。

但是今年她来月经了，每次来月经她都会很紧张，害怕衣服上沾上血迹。从此，她不喜欢出门，尤其是在生理期。

后来了解才知道，原来是她妈妈在孩子来月经前，经常给孩子强调月经期别弄脏衣服，把焦虑传染给了孩子，而不是把安全措施告诉孩子。

女儿还觉得自己来月经后就不漂亮，不美了，别人不夸她，她内心受不了。

方刚回复：

分析

1. 女孩子显然受到了月经污名的影响。妈妈对经血"弄脏衣服"的强调，强化了女孩子的月经污名感，此外应该还有其他渠道强化了她的月经污名感。这个案例让我们看到对月经的污名化，会给青少年带来什么样的心理阴影。

2. 女孩子同时也是"美貌暴力"的受害者，过度在意别人眼中的自己，而忽略了自我的独特性和对自己的悦纳。

建议

1. 向孩子了解一下，她还有哪些月经污名的观念，是如何得到的，帮助孩子消除污名观。衣服脏了，洗就是了，不来月经衣服也会弄脏。

2. 对孩子强调来月经是一件好事情，让孩子明白这是她长大的标志。甚至可以庆祝一下，让孩子积极正面地了解月经。

3. 让孩子接受全面的经期教育，包括月经的来源、经期用品的使用、经期禁忌，等等。

4. 告诉孩子：来月经绝不等于"不漂亮"，漂亮不只体现在外貌。美丽是一个人的综合呈现，长相仅仅是美丽的一个因素而已，而人的不同时期或者年龄阶段都有不同的美。来月经意味着你成长了，而成长也是一种美啊。另外，每个人都是独特的，学会欣赏自己远远比活在别人的评价里更重要。

4 女儿把用过的卫生巾放到抽屉里

家长咨询：

我女儿 13 岁，今年三月份来的月经。她对这个事情觉得很正常，没有太多焦虑、担心、恐惧。我也告诉了她怎么使用卫生巾。

但我发现她并不会把用过的卫生巾丢到垃圾桶里，而是会用卫生纸层层包裹好，放到自己房间的抽屉里。

我第一次发现的时候真的很震惊，总觉得她房间里有股怪味，后来打开她的抽屉，两抽屉用过的卫生巾。我处理完了以后跟她聊了聊。她也没说她为什么要放到房间里。

现在偶尔还是会在她的房间里发现用过的卫生巾。有时候是放在垃圾袋里，有时候是放在抽屉里。她不会主动跟我说关于月经方面的事情。什么时候来了，量多不多，有什么不舒服。除非我发现了，问她一句就回答一句，而且她喜欢在自己的房间里换卫生巾。

老师，请您帮我分析一下这是什么情况？

方刚回复：

分析

只有女孩子自己才知道她为什么会这样做。在她没有告诉我们之前，我们只能决定自己可以做什么。

建议

1. 进行月经教育的时候，是否进行过对月经去污名化的教育？经期的教育不应该只是生理知识的教育，一定要有价值观的教育。许多和月经有关的问题，都是经血污名带来的。

2. 以尊重而非责怪的方式询问孩子为什么这样做，表示可以接受她的任何理由，只是好奇。如果孩子仍然不想说，不要责问。

3. 孩子存放卫生巾的原因可能有：对于每月的经血的一种纪念；是某种性崇拜、恋秽物癖；内心的某种仪式感，如有的孩子小时候会把小便放在尿不湿里小心保存起来；等等。无论怎样，父母只能尊重青春期孩子的行为。

4. 和孩子讨论用过的卫生巾长期存放抽屉里可能带来的卫生、气味等问题。如果孩子仍然坚持放，尊重她的选择。家长怕味道不好，可少进孩子的房间。父母同时细心观察，如果情况有进一步的发展，再咨询专业人士。

5　女儿拒绝穿泳衣

家长咨询：

小学五年级的女儿，上游泳课时，拒绝穿泳衣。问她为什么，她不好意思地透露，因为身体发育了，不好意思。

家长应该怎么办？

方刚回复：

分析

1. 女生因为青春期身体发育，特别是胸部发育，感到害羞，是很常见的。即使胸部没有发育，也有女生会对穿泳衣暴露身体感到害羞。

2. 游泳课拒绝穿泳衣，这仍然是对身体的羞怯，是对青春期发育以及对身体的污名观，要帮助孩子改变观念。

建议

1. 告诉孩子：身体发育，说明你长大了，这是值得高兴的事。每个女孩子的胸部都会或早或晚、或大或小地发育，这不是一件需要感到害羞的事情。我们应该为自己的发育而自豪和骄傲。不仅可以穿泳衣，平时也要"挺胸做人"，以免影响身体发育。

2. 告诉孩子：穿泳衣会暴露较多身体部位，但这在我们的文化中被认为是正常的，没有人会因此责怪你，你也不需要害羞。很多女性还会因为有机会展示自己的身材而骄傲呢。

3. 问一下孩子，是否曾被人"过度凝视"，或者遭受其他形式的性骚扰。如果有，则处理性骚扰的问题。同时和孩子强调：不要因为别人的错误，而影响自己的生活。

4. 询问是否有其他未说出的顾虑，无论如何，最终尊重孩子自己的选择。如果她实在不想穿游泳衣上游泳课，家长可以和老师沟通。

6 漂亮女同学，给女儿很大压力

家长咨询：

我女儿上高一，最近告诉我她越来越怕和男生交往，见了异性就会紧张。

经过询问才知道，上学期她的班里新转来一个女生，那个女生很漂亮，大家都喜欢和她交往。

女儿很羡慕她，也学着悄悄打扮自己。可女儿不算漂亮，男生并不因她打扮了就注意她，她也不愿主动接近男生，怕被人笑话。于是，她渐渐发展到害怕和男生接触。

我担心女儿会出问题，请问我这当妈的该怎么办呢？

方刚回复：

分析

青春期的孩子开始关注自己的外表了，而且情感也在悄悄萌芽，希望能得到别人，特别是自己喜欢的人的关注和欣赏。

建议

1. 青春期的孩子在乎外表，是很正常的。但是，影视、广告等媒体中充斥着的美女、帅哥的形象，建构着"美"的标准，而绝大多数人永远无法符合这个标准，所以很多青少年开始自卑，我们称这种文化是"美貌暴力"。

2. 不断夸奖你的女儿，告诉她，人的修养与气质可以使我们变得更漂亮，所谓"腹有诗书气自华"。更要帮助她相信，最稳固和深刻的爱情不是基于外貌，而是基于内心。还有，每个人都有自己的美丽之处，要学会欣赏自己的美，一定会有人同样能够欣赏到她的美。

3. 妈妈这时多给孩子鼓励和赞许，发现孩子的优点并放大，细致而真实地给予正向反馈，让孩子看到每个人的闪光点都是不一样的。引导孩子发现自己的闪光点，珍惜自己的独特性，没必要盯着自己的不足。如果可以，邀请身边的家人、朋友一起给予女儿正向的鼓励。

4. 自信会让我们更加美丽。告诉孩子那个经典的故事：一个不漂亮的自卑的女生，全班同学商量好要鼓励她，在一个春游的日子里便一起使劲儿地夸她漂亮。女生的自信心被唤起，于是她有了更多欢笑，脸上洋溢着更多自信而快乐的神情。那以后不久，同学们发现，她真的漂亮了。

7　女儿看了《金瓶梅》说恶心

家长咨询：

我读初中的女儿看了《金瓶梅》，然后说："恶心。"

我应该怎么应对？

方刚回复：

分析

1. 阅读涉及"性"的书籍感到"恶心"，可能是因为对性缺少了解，也可能是多少已经被建构了性的污名观。

2. 我们需要担心的是，这种性污名会影响到她将来的亲密关系。

3. 女儿主动谈起这个话题，就是一个很好的进行性教育的机会。

建议

1. 问一下女儿：哪些情节让她觉得恶心？是性爱描写，还是"不伦"的人际关系描写？

2. 如果是性爱描写，告诉她：相爱的人之间自愿地发生性关系，是很正常的、自然的，这是他们彼此之间表达爱的方式，我们不应该感到"恶心"。无论他们用什么性爱方式，都不应该嘲笑他们。

3. 如果是对"不伦"的人际关系感到恶心，可以告诉孩子：人类的亲密关系非常复杂，随着年龄的增长我们可能会有不同的认识。但有一点是肯定的：非自愿的、强迫的性关系，是我们要明确反对的，是真正"恶心"的。

4. 进一步分享赋权型性教育倡导的性爱原则：自主、健康、责任。

5. 另外，感觉这个家庭缺少坦然轻松谈性的氛围，家长要学习才能营造这样的氛围。孩子说的"恶心"也许是敷衍父母的用词。只有在家里能够做到轻松愉快地谈论该话题，才能找到问题症结，才能更好地引导。

6. 肯定孩子看名著是好事情，不过《金瓶梅》有些深奥，可以和孩子一起查阅相关资料，了解它的价值，不要因为"性"而否定一部经典作品。同时，也可以进一步引导孩子读一些适合她这个年龄段的文学作品。

色情品、性幻想及其他

引言

我们不希望青少年看到原本属于成人的色情品。

但是，在网络时代，青少年接触到色情品几乎是不可避免的事情。这时，掩耳盗铃和暴力处罚只会使事情变得更糟。

我们必须向前一步，尽早地对孩子进行科学的性教育，及时处理青少年观看色情品后可能带来的危害，将其不良影响降到最低，尽量做到未雨绸缪。这些危害包括：被培养了错误的性别观念、爱情观和性价值观，堕入性的困惑，对亲密关系产生误解，性骚扰甚至性侵犯他人，因为看了色情品而陷入自责，等等。

性幻想本身没有任何过错，但是，当伤害到别人的时候，就是一种过错了。

我们不能给看了色情品，甚至犯了"性错误"的青少年贴标签，而应该致力于激发他们正向的价值观，促进他们的正向成长。

1 4 岁女儿看到色情照片

家长咨询:

我 4 岁的女儿看到家中长辈手机中的口爱照,问我为什么有人吃"小弟弟",我说这是坏事。事后觉得还是不够,我应该怎么和女儿说呢?

方刚回复:

分析

幼童看到色情品,可能只是好奇,还没有情欲想象。以平静态度解释这是成人间的私密行为就可以了。

建议

1. 直截了当地告诉女儿:这是成人间表达亲密的一种方式。但是,是自愿的、私密的、成人的、彼此同意的,所以你现在不能模仿,也不应该再和别人说起这件事了。

2. 将此事解释到孩子关心的部分即可停止,毕竟孩子只有 4 岁,现在讨论色情品还为时过早,她不一定能够理解。

3. 孩子是从哪位长辈的手机中看到的?是不是故意给她看的?如果是故意给她看,可能涉嫌性骚扰,要关注。如果是她意外看到,要提醒当事人注意拿好自己的手机,不要再给小孩子看到了。

2　孩子谈其他同学的性幻想

家长咨询：

我儿子上小学五年级。昨天老师带五年级学生去美术馆看画展，展品中有一幅女性裸体油画，学生们看到这幅画时大呼小叫。

儿子回家对我说："妈妈，小宇（男同学）当时闭上眼睛，把那幅画中的人想象成我们班的小文（女）了。"

面对这样的事情，作为家长应该怎样引导呢？

方刚回复：

分析

此事件中包含两个话题：一个是孩子们应该如何看待裸体油画；另一个是孩子回家议论其他同学的性幻想，在背后取笑那个同学。

建议

1. 告诉儿子：裸体油画是艺术品，你们同学一定是没有见过裸体画，才大呼小叫吧。裸体是美的，不需要感到羞涩，也不需要大惊小怪。不妨找出更多的裸体油画，和儿子一起鉴赏。

2. 针对小宇的事，告诉孩子：这叫性幻想，单纯的内心幻想，没有错，是青春期的正常心理现象。问儿子：你是怎么知道他的幻想的？如果是小宇自己说出来的，就要告诉孩子：性幻想没有错，但自己幻想的事不应该让别人知道，如果公开说出来，全班就都知道他幻想的裸体对象是小文，会给小文带来困扰，让小文不舒服，这是不对的；如果不是小宇说的，是儿子或其他同学猜的，起哄说出来的，就是儿子和同学们的不对了，不应该这样起哄，小宇和小文都会非常尴尬。

3. 和老师交流，请老师在班级里针对这件事做进一步处理，特别是关注小宇和小文的心理。同时，建议学校借机进行性教育或者开展专题班会，帮助同学们坦然地面对裸体艺术品。

3　儿子看了色情电影

家长咨询：

我的孩子今年上高二，以前他学习不错，在学校表现也不错，什么都不用我们家长操心。这两年家里为他买了电脑。有一次，我突然发现在他的电脑里存有色情电脑游戏，还有一些色情电影文件。

我不知道这些色情的东西是他从同学那里得到的，还是自己上网找到的，但这些的确对他的学习造成了一定影响。

我们家长真不知该怎么处理这种事，打他骂他，肯定不会解决问题；找他学校的老师，又怕给孩子造成不好的影响；不让他用电脑，那也只能是因噎废食，可能还会带来更不好的效果。

此外，现在的电视节目、电影有好些并不适合孩子的内容，可孩子们都在看，他们毕竟比我们这一代对性的接触和了解要早得多。

我们应该如何正确处理这样的情况呢？

方刚回复：

分析

杜绝青少年看到色情品是不可能的，互联网这么发达，总有一些漏洞，与其堵，不如疏导。引导青少年正确认识和看待色情品，这是一个进行性教育的绝好机会。

建议

1. 家长没有急于做出简单粗暴的处理，是非常正确的。简单粗暴地责骂孩子，禁止孩子使用电子产品等，无助于事情的解决，反而可能与家长的期待适得其反，而且会严重破坏亲子关系。正所谓"亲其师，信其道"，在家庭教育中，维护好亲子关系是首位的。

2. 学习成绩下降，不一定和看色情品有关系，即使有关系，也和"无法正确地看待色情品"关系更大。比如，因为看色情品产生自卑心理，或者沉湎其中，或者不想再看却无法挣脱。所以，现在最需要的是对孩子进行如何正确看待色情品的教育。

3. 青春期的孩子大都特别在意自己的隐私权。家长偷看孩子电脑，发现了他的"小秘密"，本身也是不太好的行为，侵犯了孩子的隐私权，如果让孩子知道，可能让他尴尬或者生气，对父母的行为有抵触情绪，所以建议不要说看到他电脑里有色情品之类的事情，仅是制造一些自然地讨论色情品的机会就可以。

4. 讨论时，家长首先要接纳和共情孩子，理解青少年对色情品充满好奇是非常正常的，但要明确：在全世界，色情品都是被禁止给未成年人看的，因为色情品本身是制作给成年人看的，是用来激发成年人的情欲的。未成年人通常没有性伴侣，被激发起情欲对自己是一件很难受的事情。所以，尽量不看。

5. 如果看了，也不必过于自责。因为这不是孩子的错，而是网络时代的特点，许多时候即使自己不想看，色情品也会跳出来。所以，不必因为看了色情品而自卑。如果出现"沉溺"的现象，不想看却忍不住看，只能顺势接纳自己，因为越抗拒越会沉溺，这就是心理学上"负面强化"带来的影响。如果一个人总在想"不去想一头粉红色的大象"，他其实就一直在想那头粉红色的大象。所以重点是接纳自己，放下自责和焦虑。

6. 重点是，不要把色情品当成性爱与亲密关系的教科书。色情品是专人拍摄、制作给成年人看的娱乐品，它所呈现的现象和人物并不都是真实的。色情品里男性性器官的粗大、坚挺不能代表所有男人，色情品里女性对性的渴望与追求也不能代表所有女人，不要看了色情品就把女人都想象成正饥渴地等着你去做爱一样，不要通过色情品来了解男人和女人，更不应该简单地像色情品里的主人公那样去对待伴侣。

7. 看了色情品千万不要去模仿，不要去性骚扰或性侵犯别人。受到色情品的刺激，产生性欲望，这是正常的，不该受指责。但有一些人看了色情品，无法控制自己的欲望，去强迫别人发生性行为，这就是极其严重的错误，是违法犯罪的行为，会受到法律的惩罚。我们都不可以把色情品当成教材，最多把它当成娱乐片。我们看了武侠电影不会去上山行侠仗义，看了魔幻电影也不会想着去和恶魔战斗，同样看了性相关的娱乐片也不应该就去模仿。

4 五年级学生在微信群发色情图片

家长咨询：

我儿子读小学五年级，老师说，他率先在班级微信群中发色情故事漫画。他发了之后，不少孩子用绘图工具，对漫画截图进行了涂改，例如，将男女主角的脸部、性器官涂成黑色，发回到班级微信群中。

家长们知道此事后，反应极为强烈，要求老师对此事严肃处理，否则就会到教育主管部门反映。

老师找到我。作为家长，我该怎么办？

方刚回复：

分析

当家长们"反应极为强烈"的时候，可能忽视了：他们没有对孩子进行性教育，才是出现这些情况的原因。建议将此事件的负面影响降到最低，变成正面进行性教育的机会。

建议

1. 首先不要过激地批评孩子，不要被那些"反应极为强烈"的家长的情绪所误导。要明白，孩子们可能不知道他们做这件事的意义是什么，他们只是基于对性的好奇。教师和家长应该避免上纲上线，避免对孩子们进行道德、品格上的评判和诋毁。

2. 家长和孩子心平气和地谈，明确指出发色情图是不对的，有可能会对别人造成性骚扰；而且，发到微信群就是传播色情品了，触犯法律了。但同时应注意不责怪孩子，不给孩子贴标签。

3. 建议老师也以这样的态度和其他孩子谈，私下教育这些孩子，不必让他们当众道歉。

4. 建议老师借机开展一堂性教育课或者一次专题班会，在全班内进行分享，说清楚这种做法是错误的。引导学生认识到，色情故事漫画可能对自己有害，避免阅读和传播，而且性器官、性交也不是什么值得好奇的事。进行教育的时候，要避免点名道姓地指责发图的孩子。

5. 建议老师出面，向其他学生的家长们说明：孩子在成长过程中总会发生这样那样的问题，这是难免的，在这个问题上我们不要以成年人的眼光来看待孩子的问题。孩子不是"坏"，不要因此给他们扣上帽子，他们更多是出于好奇。希望家长们能给予更多宽容和理解，即使不发生此事，孩子们也可能会通过其他途径看到色情品，重要的不是谴责犯错的孩子，而是进行正面的性教育。

5　因为看着黄片自慰，儿子陷入自责

家长咨询：

我儿子今年18岁，正陷在痛苦中。

他和我们说，他从14岁开始在同学的影响下看黄片，同时自慰。这个事情让他非常烦恼，他想戒掉，手机就摔坏了两个，还是控制不住。

不看黄片他就没法儿自慰，不自慰又难受，自慰了他又很后悔，总觉得自己很脏、很堕落。

他有必要戒掉自慰吗？如何纠正他看黄片的行为？

方刚回复：

分析

1. 我们主张，未成年人不要看色情品。但是，互联网社会，色情品已经无孔不入，很多孩子都看到了。如果我们继续掩耳盗铃地谴责，就会造就很多个类似这个咨询案例中的孩子。

2. 他现在的痛苦及问题，并不是自慰和看黄片，而是他的自责。

建议

1. 可以问一下孩子：为什么会自责？很有可能是他接受了"看色情品非常不好"的观点，也接受了一些"自慰有害"的论调。家长要帮助他调整这些关于自慰和看色情品的错误认知，进而帮助孩子接纳自己。

2. 看色情品和一个人的道德、品格没有任何关系，看了色情品并不会使自己变得肮脏，也不会使自己堕落、贬值。告诉孩子：你还像从前一样纯洁、美好，你依然是真诚的、善良的、进取的，你依然可以追求自己的人生理想，可以拥有自己甜蜜的爱情和幸福人生。

3. 孩子今年已经 18 岁了，已经是成年人了，让他戒掉看色情品不现实。青少年确实不应该看色情品。但是，在同学影响下看了也就看了，重要的是对色情品有一个正确的态度。比如，色情品不是教科书，不能通过色情品来理解现实生活中的情感和性。有很多人都看过，看过就看过了，不要有什么负担和焦虑，放下即可，没有必要因为看过黄片而自责、压抑、纠结和自我否定。应该顺其自然地接纳自己，看色情品如同玩游戏，是一种放松和娱乐的方式，实在想看就看吧，看完了该干吗就干吗，戒不掉就不戒吧。如果非要和自己的欲望对着干，拧着劲儿，就会出现更大的心理问题，像这个孩子现在这样。

4. 自慰则完全没有必要戒掉。自慰是一种自然、正常，也非常常见的现象，家长应该引导孩子去掉对自慰的污名，更正对自慰的错误认识。只要注意卫生、保护好隐私、自慰方式不伤害到自己，就不必担心。网上那些关于自慰如何有害的说法，都是胡说八道。自慰最大的害处，就是对自慰有害的担心，因为这种担心可能导致焦虑、抑郁、强迫等一系列心理问题，就像这个孩子现在这样。

5. 总之，这个孩子现在最大的问题是对自己的否定和压抑。所以，他应该先接纳自己，不和自己较劲儿。当接纳自己之后，他就会发现，色情品、自慰，都不是事儿！

6　儿子因为性幻想而压力大

家长咨询：

我的儿子是高中生，他在阅读小说后产生了很多性幻想，这让他感到压力很大。怎么办？

方刚回复：

分析

性幻想的压力，通常来自"性幻想不好"的观念。

建议

1.重要的是澄清困惑，告诉他：性幻想很正常、很自然。很多人都有性幻想，尤其是青春期的孩子由于身体的发育和心理的成熟，对性的好奇心强，更容易产生性幻想，只要区分开性幻想和现实的不同，不强行去实现性幻想就可以。应该对性幻想采取顺其自然的态度，不去抗拒自己进行这样的幻想，不强行扼制性幻想，不因为有性幻想而自我否定。

2.有了性幻想，孩子可能也有了无处安放的性欲望，感到压抑，才更觉痛苦。可以和孩子沟通一下，鼓励孩子通过适合的渠道得到性满足，比如自慰等，释放被压抑的性欲。

3.家长如果能够做到，也可以分享自己在青春期时类似的幻想，说明自己是如何分清现实与幻想，如何处理性幻想与性欲求的。

4.推荐孩子阅读好的性教育书籍，帮助孩子解开性幻想的困惑。

7   儿子写色情小说

家长咨询：

我儿子上初中一年级。老师在课堂上"抓"到他在写色情小说，小说里的男女主人公都是同班同学的名字，小说很露骨，号称是几个男生一起创作的。我该如何处理呢？

方刚回复：

分析

写"色情小说"，是青春期孩子满足性幻想、性欲求的一种途径，要正确引导，不必责难。

建议

1. 家长和老师都不必过于惊慌，要正视青春期孩子的性幻想。首先要说明的是，这是青春期孩子发挥他们性幻想、宣泄他们性欲求的一种途径。性幻想没有过错，通过写小说的方式宣泄性欲也没有过错。

2. 但是，要引导孩子认识到：用同班同学的名字写这样的小说，对同学很不尊重，而且可能引起同学的反感，甚至伤害到一些同学，破坏同学关系，使同学们反感小说的作者。

3. 请老师关注一下有没有同学因此事受到伤害；建议老师在班里进行性教育，普及有关"性幻想"的科学知识，强调性幻想和一个人的道德、品格没有任何关系，是青春期孩子的正常心理反应；同时，也要明确地区分性幻想和现实的区别，不把性幻想付诸现实行动。

5. 肯定学生的"写作热情"，夸奖他们，说："你们好好学习，将来一定可以写更好的小说，成为一名作家。"鼓励那几个学生一起创作一部科幻小说、推理小说，而不是现在这样的色情小说。

8 女儿爱读言情小说

家长咨询：

我发现正上初二的女儿购买了很多言情小说并沉浸其中，每天花大量时间阅读，不思学业。

我趁其不备，翻阅了这些小说，发现其中有很多露骨的色情描写。我非常担心，不知道该如何引导女儿。

方刚回复：

分析

1. 需要先弄清楚是谁写的，具体是哪本书，确定之后，才能够给家长准确的建议。因为家长的描述并不一定准确。

2. 家长看到的是色情描写，而孩子关注的可能是浪漫情感。

建议

1. 家长先放松心情，不要太紧张，不要妄下结论。正式出版物中，通常不会真的有色情描写，也许我们对孩子的阅读担心过多，所以看到的便是色情了。即使孩子真的是为了看色情描写，也不能用禁止的办法，而应该考虑如何进行性教育，处理好青春期孩子对于情感和性的萌动与渴望。

2. 青春期孩子看言情小说，更大可能是关注情感故事，沉浸于浪漫爱情中，这才是我们需要警惕的。因为很多言情小说，传达着"爱情至上"的错误爱情观，对孩子的影响也不小。针对性的措施是对孩子进行爱情观的教育，这就需要家长自己首先要有正确成熟的爱情观。

3. 心理学上讲，关系大于一切。作为家长，维系好你和女儿的亲子关系最重要。家长要信任孩子，要平等地和孩子沟通、交流，不评判、不指责。家长要多了解女儿，多倾听女儿的心声，多让女儿说一说自己为何会喜欢阅读这些言情小说，是什么吸引了自己，自己最感兴趣的内容是什么，阅读这些内容时内心有怎样的感受和体验。如果你让孩子感到足够安全，孩子就愿意信任你，愿意和你分享她心里的小秘密。

4. 家长最好自己也完整地看一本或几本，再和孩子讨论、分享小说中的情节和价值观，在这个过程中加以引导，从而让孩子深入理解爱情、性、亲密关系等问题。

5. 家长要清楚：爱读书是好事，爱读书的孩子注意力更容易集中，比玩电脑游戏要好多了。重点是，读什么书，就会成为什么人。所以，要引导孩子读一些名著，让孩子把注意力转移到名著上。当然，这首先需要家长自己爱读这些名著，才能在家庭中形成一个氛围。

9　儿子搂着妈妈秋衣睡觉

家长咨询：

我儿子 12 岁，每天必须搂着妈妈的秋衣睡觉。

这正常吗？如何处理？

方刚回复：

分析

家长焦虑的背后，是对性别气质的焦虑，也可能是对"恋物癖"或母子关系的焦虑。

建议

1. 除了抱着妈妈秋衣睡觉这一点，孩子与母亲的其他互动是否存在问题？不能孤立地看一个行为，而是要将其放到整个日常生活的互动中来看。

2. 单说抱着秋衣睡，这没有什么不正常的。可能仅仅是和父母分床之后的孤独感；可能仅仅是需要抱着妈妈的衣服体味到一种温暖、安全、亲情；可能仅仅是因为那件秋衣是他小时候妈妈抱他睡觉时穿的；可能仅仅是那秋衣的质地柔软，抱着温馨……总之，要给孩子一个"断乳"的时间和空间，要允许孩子有一定的情感寄托，而不是担心孩子对母亲有什么性的寄托，并因此对母子关系感到焦虑。

3. 如果一个女性，甚至是成年的女性，每天抱着一个布娃娃睡，我们是否会觉得她不正常？可能还会觉得她"单纯可爱"吧？固有的性别刻板印象让父母觉得男孩子做出这种行为就是不正常、很"娘"的行为。但其实，这说明孩子心思细腻，未必不是好事。

4. 另一个担心也许是，孩子对女性物品的依赖会不会有"恋物癖"的倾向？这仍然是过虑了。总担心孩子"不正常"，才是最大的"不正常"呢。

10　11 岁的儿子喜欢捆绑游戏

家长咨询：

我儿子现在 11 岁，最近我翻浏览器历史记录发现，他一个人在家的时候会在网上找一些女孩被绑架之类的视频看，动漫里的情节居多，对绑架这个关键词好像挺敏感的。

这个现象也不是突然出现的，大概从七八岁开始，我就发现他把大头儿子玩偶的手给绑起来，这个玩偶被他长期放在床边。那时我没有多想，想着大概是喜欢玩绑坏人之类的游戏。现在看来，他好像偏好用绳子束缚这一类的视频，还特意去搜索来看。我估计他看了女孩被束缚还会有自慰的冲动。

前段时间我洗衣服的时候，发现他的衣服上有精斑，我便和他讲了遗精、自慰的一些知识，他听得挺认真。

这样的癖好从心理上来说是正常的吗？我该怎么和他沟通呢？

方刚回复：

分析

从描述看，孩子很可能是喜欢捆绑游戏，这是 SM（施受虐）的一种，被称为 BDSM。

建议

1. 您主动和孩子分享遗精、自慰知识，说明您很开明，有对孩子进行家庭性教育的良好基础。在处理这件事情上，您可以再进一步。

2. 孩子进入青春期之后，开始关注性，这是正常的。互联网的发展，使现在的孩子们有机会了解到多元的性，所以孩子如果关注施受虐，也是正常的。每个人的情欲反应不一样，有些人通过 BDSM 才能够更好地性唤起，这是他们的"性兴奋点"。这些差异也应该被视为是正常的。

3. 您可以找机会自然地和孩子分享施受虐的知识，比如施受虐的原则，彼此自愿，有规定好的安全语；也要分享施受虐可能带来的风险，比如意外的伤害，不被大众所接受的亲密关系等。进而，可以对孩子进行更全面的性教育，强调性的原则：自主、健康、责任。

4. 分享这些时，如果孩子不愿意主动说出自己的秘密，家长也不要进一步挑明。相信在您和孩子的交流中，已经把自主、健康、责任的三原则植入他的心中了。所以，无论孩子有什么样的性喜好，我们要做的，都是培养他们对自己和他人负责任的意识和能力。

父母出轨、缺席、家暴、
离异、再婚家庭

引言

父母的亲密关系模式，是孩子理解和学习亲密关系的重要渠道。

父母有权利选择自己的亲密关系模式，但是，如果对孩子说一套，自己做一套，即使动机是对孩子不再重蹈自己覆辙的期待，也会成为坏的榜样。

家庭暴力，是绝对不能被容忍的。生活在家暴环境中的孩子，必然存在很多身心创伤。这样的孩子可能还会传承暴力。

在孩子的成长过程中缺席，同样是不负责任的父母。他们不仅放弃了身为家长的身份和责任，更影响了孩子这一生感受和获得幸福的能力。有一句话："幸福的童年疗愈一生，不幸的童年用一生来疗愈。"父母们应该记住这句话。

离异、再婚的家庭，对孩子并不一定就是不好的。虽然有大量调查显示，绝大多数情况下它们对孩子的影响确实不好，但是这个不好的影响的来源之一是家长在处理亲密关系的过程中，把很多未满足的需要引发的情绪投射到亲子关系中。所以关键在于，父母是如何履行养育责任的，而不是离异与再婚本身。

1 爸爸出轨，女儿骂爸爸"畜生"

家长咨询：

我老公在外面有女人，我为这事和他吵，他就打我。我把老公出轨的事告诉女儿，女儿13岁，也很恨她老爸，叫他"畜生"。

方刚回复：

分析

妈妈把对爸爸的怨恨，拿出来让年幼的女儿分担，这样做对孩子的成长是不好的。

建议

1. 妈妈可能首先需要搞清楚自己告诉女儿爸爸出轨这件事情的意图是什么。女儿的反应已经是一个站队的行为，帮着妈妈敌视爸爸了，这是不是妈妈的意图？如果不是让女儿站队，是因为自己太难过太痛苦所以跟女儿诉说？那可能需要考虑13岁的孩子是否有完全的倾听和处理这些信息的能力。如果是女儿对父母的争吵和暴力有情绪而问妈妈发生了什么，妈妈可能需要对传递给女儿的信息加以筛选，比如可以说："这个过程中妈妈很难过很痛苦，因为我希望和你爸爸的感情是幸福美好的，不希望有人介入，所以这件事情的确让我不能接受，我可能很难冷静和客观地跟你描述。"这样的表达不会过多地把指责爸爸的情绪投射给女儿，女儿也不容易建立起对爸爸的敌意。

2. 总体而言，成人之间的问题，许多是非常复杂的，有时难以简单判断谁对谁错，每一方都会有自己的理由。让孩子过早介入成人间的争端，特别是培养简单的怨恨情绪，可能会影响到他们的心理健康，包括未来亲密关系的建立。

3. 对于孩子爸爸的暴力，妈妈应该态度明确：零容忍。受暴者可以报警求助，还可以找专业的反家暴人员咨询，不应该把压力转到孩子身上。如果要和女儿谈，也只是谈"不应该学习你爸爸的暴力"。

4. 如果有机会弥补，引导孩子认识到：父母间的矛盾可能有各种原因，不应该简单谴责或憎恨一方，更不应该对亲密关系没有信心；无论父母间的关系如何，父母都是爱你的；婚姻只是一种生活方式，并不是必需的。你不应该介入父母间的争执，应该做自己该做的事，比如，好好读书，你的健康成长是父母都希望看到的。

2　女儿发现了妈妈的隐私

家长咨询：

我女儿读初中二年级，不久前恋爱了。我很生气，没少骂她，要求她必须和男友分手。

女儿和我吵架。可能是我骂得狠了，她就说出来，曾看到我和她的"干爹"有暧昧，威胁要告诉她爸爸，还说看到我手机上有自慰的视频，说我"自己做一套，对别人要求一套"，让她"恶心"。我很震惊，没想到她知道这么多。

我完全不知道以后该如何管教她了。

方刚回复：

分析

妈妈的行为确实属于双重性道德标准，自己婚内出轨，对女儿的恋爱却暴力干预。"骂得狠"，显然属于精神暴力。

建议

1. 理解妈妈反对女儿恋爱的行为是好意，是为了保护刚读初二的女儿。同时，也要认识到，孩子进入青春期后，非常反感家长的这种"规训"。如果父母不改变方法，就会和孩子形成对抗，那样就更达不到保护孩子的效果了，只会增加双方的焦虑，破坏双方的关系。因此，妈妈要努力和女儿改善关系，以女儿能够接受的方式影响她。

2. 妈妈的双重标准，深深地伤害了孩子，也为孩子所不能理解。妈妈可以先和女儿道歉，说明自己的态度过于强硬了，没有充分理解女儿的感受。同时，也和女儿分享自己是因为担心她，很着急，才会这样。同时，保证以后不再这样暴力了。

3. 平等地和女儿分享恋爱关系中的注意事项，目的是增强女儿恋爱的能力，而不是阻止女儿恋爱。如果无法做到，可以寻求专业人士的帮助，送女儿参加赋权型性教育夏冬令营，让其在营中学习恋爱技能。

4. 关于自己的私生活，告诉女儿：成人世界的亲密关系有一定的复杂性，女儿现在不能理解是正常的，妈妈并不怪女儿。但是，相信女儿长大之后，会理解妈妈的。父母之间的事情，交给父母处理比较好，作为孩子应该从父母间的关系中抽离出来，成人的事情交给成人吧。还可以告诉女儿，自慰是正常的，不是"坏事"。

3 老公反复出轨，我怕儿子以后学爸爸

家长咨询：

孩子爸反复多次出轨，我忍受不了，离婚了。在孩子3—7岁的时候，我出差的时候孩子爸和那些女人约会，还带着孩子。孩子那么大了自然是有记忆的，我不知道怎样更好地去引导他。

周围有几个孩子也是这种情况，孩子们瞧不起父亲的所作所为，亲子关系糟糕。弄得孩子有的抑郁，有的都要精神分裂了，小小年纪只能辍学，或者去酒吧打工。

我的儿子应该也是有创伤的，但好像他没啥感觉，我也有点担心儿子以后学他爸那样。

老师，我该怎么和儿子交流这件事？

方刚回复：

分析

现实中经常看到：父母的婚外情，对孩子造成负面影响。但要清楚，

这些负面影响是简单敌视"出轨"的社会主流文化，或者"被出轨"一方加给孩子的道德影响造成的。很多时候，父母出轨最担心影响孩子。父母会为了孩子选择放弃自己的婚外情吗？放弃与不放弃，都是父母在行使自己的权利。但是，无论放弃与否，对孩子的影响都可能有好有坏，重点是思考怎么做才可以真正保护孩子。

建议

1. 妈妈把自己的认知投射到孩子身上，是错误的。可能孩子原本并没有什么负面想法，却被妈妈的认知影响形成了负面的价值观。您举的"孩子们瞧不起父亲的所作所为"，以及辍学的例子，很可能恰恰是父母一方出轨之后，另一方的处理不当造成的。伴侣一方有婚外情的时候，另一方应该避免当着孩子面谴责出轨方，更不应该对孩子进行"道德绑架"，这样的做法才真正可能伤害到孩子。

2. 别人孩子有问题，不一定您的孩子就有问题，重点是您平时是如何影响孩子的。从来信看，最需要成长的是妈妈。比同孩子交流更重要的，是母亲的成长。

3. 不要给孩子贴上"离异家庭小孩"的标签，离异家庭的孩子可以和非离异家庭的孩子享有一样的爱、一样的成长空间。应该巩固孩子的正向思维。比如，引导孩子多关注爸爸和妈妈给他的陪伴和温暖，让孩子更多感受父母虽然离婚，但是对他的爱没有改变，注意不要引导孩子去关注爸爸的情感生活。伴侣合作教育孩子，是离异夫妻必须要做好的功课。

4. 婚外情若被孩子发现，可以和孩子分享，询问孩子的感受是什么，告诉他人类情感的复杂多样性，这是一个很好的性教育机会。还可以进一步说明，情感与性都是父母的私事，无论父母怎么样都不会影响到对孩子的爱。日常生活中的做法更要与此相符。这些处理好了，父母的婚外情对孩子的负面影响就会降到最小。假设一对夫妻没有婚外情，但整天吵架，或者不关心孩子，甚至家暴孩子，就不影响孩子的发展吗？

5. 影响一个人的性价值观的因素很多，父亲的影响不是唯一的。而且，孩子的生活是他自己的，母亲不必过于焦虑，道德教唆也没什么意义。

4　父亲长期缺位，会对女儿造成什么影响？

家长咨询：

我们是一个健全的家庭，但是父亲角色长期缺位。女儿已经上初中了，与父亲疏离，对亲密关系较为渴望与关注，我应该如何引导？

方刚回复：

分析

1. 健全的家庭，如果父母一方不承担责任，对孩子的负面影响，远远大于父母均认真承担责任的离异家庭。

2. 许多父母过于繁忙，陪孩子的时间太少了。在缺爱的家庭中长大的孩子，更渴望在与异性的亲密关系中得到温暖，虽然这可能是一个永远无法被充分满足的渴望。有研究显示，父母经常不在家，自己料理自己生活的孩子（或者说"挂钥匙的孩子"），会更早发生性行为，这就增加了他们怀孕或感染性传播疾病的危险。这不仅是因为他们有空间的便利，更因为他们需要温暖，需要有人可以依靠。无法从父母那里得到的，可以从性伙伴那里得到。

3. 绝大多数研究显示，好的亲子关系与减少怀孕风险有正相关的关系。跟父母亲近的青少年比较可能较晚发生性关系、性伴侣较少，重点是会持续采取避孕措施。

建议

1. 应该和孩子的父亲认真地谈一下这件事。父母真的应该多陪孩子，多关心孩子。千万不要以为孩子还小，就不会犯大的错误。千万不要认为生命中最重要的是工作。当你告别人世的时候，回首人生，不会因为少赚一些钱或者少一次功成名就的机会而懊恼，那时你最渴望的一定是和孩子、家人在一起的时光。

2. 如果父母真的实在无法多和孩子在一起，就更应该加强性教育。这样，即使你不在孩子身边，你给孩子的教育也会成为他们的行为规范。

3. 帮助孩子认识到自己这种对亲密关系渴望的背后，可能有家庭的影响因素，从而可以反省这些影响因素，促进正向的影响，规避负面的影响。

4. 培养孩子在对自己最有利的时候，选择对自己最有利的亲密关系的能力。同时也需要有心理准备接纳孩子在亲密关系里可能会有多次碰壁和受伤害的情况发生，而家长在这个过程中耐心地给予支持和理解也会渐渐培养出孩子处理亲密关系的能力。人的成长和学习是一生都在做的，不必太过焦虑是否一定要在什么年龄学会处理亲密关系。

5 家暴家庭的女儿自残过

家长咨询：

女儿14岁，学习习惯好，成绩一直比较优秀。自认为是同性恋，喜欢本班的一个女孩，并购买心理图书对号入座。

她梳男孩发型，衣服主要以蓝黑色运动服为主，排斥女孩内衣，控制乳房发育。我们家的经济条件很好，就是她爸爸有暴力行为，动不动就打我。女儿也经常与我们发生冲突，也有暴力行为，如摔打餐具、家具，踢门等行为。她还自残过，用刀子割胳膊，伤痕累累。

我可以做些什么？

方刚回复：

分析

这个案例中涉及多个问题：性倾向、暴力家庭、自残等。要警惕把性倾向"归罪"于暴力家庭的影响。此案例最迫切需要处理的是原生暴力家庭的问题。

建议

1. 性倾向与家庭环境不一定有关系。尊重和接纳孩子的性倾向，尊重她在着装等方面的探索，同时也可以提示她：不必给自己贴标签。给她安全的环境去完成青春期的探索。

2. 家庭暴力是最紧迫的问题，要立即面对和解决。存在暴力的原生家庭，孩子目击暴力，也是受暴者。目击暴力的孩子绝大多数会传承暴力，所以她现在表现出的暴力行为，以及自残，都与父母间的暴力有关。这不仅会影响她现在的心理健康，如果不加以处理，更会影响她未来的亲密关系。但是，暴力家庭和她的性倾向并没有直接关系。

3. 帮助女儿认识暴力，了解父亲的暴力对自己的深远影响，学习走出暴力的阴影，消除已有的暴力倾向，避免传承暴力，学习如何建立亲密关系。这部分如果家长一时做不了，就找专业的反家暴人士帮助吧。

4. 鼓励和赞赏孩子良好的学习习惯，肯定她的正面价值，不要盯着她的不足，激励她、鼓励她积极向上的部分。

5. 平时更多地关心孩子，关心孩子的感受，允许孩子表达各种情绪，无论是积极的还是消极的。孩子需要的更多是精神层面的关心，而不是物质层面的。孩子感受到了家长的接纳，才能重新建立良好的亲子关系。

6. 妈妈作为家暴的受暴者，需要认真考虑和处理自己的婚姻问题，我们主张对暴力"零容忍"。"零容忍"不等于离婚，而是要采取报警等手段，坚决对暴力说"不"。是否要离婚，需要在做好充分评估的基础上思考决定。

6 单亲家庭的性教育注意些什么?

家长咨询:

孩子很小的时候,我就和他爸爸离婚了。现在,孩子快进入青春期了,我很担心性教育的问题。我又是妈妈,异性,也不知道怎么和孩子说,说什么。我还担心孩子在这样的家庭中长大,会影响今后谈恋爱的能力。

方刚回复:

分析

离异,并非影响孩子成长的"原罪"。性教育,也并不需要父亲对儿子、母亲对女儿这样的性别间隔。

建议

1. 单亲家庭、离异家庭,对孩子未来的影响,并不一定是负面的。重点不是家庭的形态,而是家庭本身给孩子提供什么样的支持和教育。如果单亲家庭仍然能给予孩子足够的爱与温暖,就不会影响孩子未来的亲密关系。父母可以告诉孩子,家庭形态和亲密关系有多种多样的,有像爸爸和妈妈这样的,也有不像我们这样的,而且无论哪种形态的家庭成员都可能会感觉幸福或不幸福,所以你将来也一样可以获得幸福。

2. 异性父母,也可以对孩子进行性教育。在单亲家庭中,父母会对和异性子女谈性有更多的顾虑,其实仍然是将性过于特殊化而产生的。

异性别的孩子也是你的孩子，你仍然是孩子的父母，没有什么是不可以谈的。只要态度正确，谈吐得体，落落大方，像谈学习与科学问题那样谈，就不应该有什么担心。

3. 对于单亲家庭的父母来说，另一个困惑也许要远比谈性更难以应对。这就是自己的性行为对孩子的影响。许多单身的父母在结交情侣时会很迟疑，孩子会成为他们的"监督员"。如果带女朋友或男朋友回家过夜，会担心对孩子影响不好。前夫或前妻知道了，也会以影响孩子为由坚决反对。许多人为此放弃性生活很久，自身的性困扰也确实是一个问题。和情侣的关系不稳定时，可以尝试不让孩子发现，选择孩子不在家时约会。这是为了避免离异父母经常更换情侣给孩子的心理造成影响。如果和情侣的关系稳定了，可以带情侣回家过夜。这时要非常明确和坦率地告诉孩子，性是成年人生活中非常重要的组成部分，爸爸或妈妈能够再次恋爱是他们生活中幸福和快乐的事，你长大之后就会更加理解，希望你可以为爸爸或妈妈高兴。

4. 父母必须言行合一，如果对自己和孩子是两套标准，那会给孩子造成很多困惑和不理解，也容易做出让家长不理解的探索行为。如果父母要在婚前带情侣回家过夜，就更不要向孩子灌输"婚前守贞"的教育。但这并不影响父母向孩子表达关于性行为年龄标准的期望。

5. 离异父母另有伴侣时，更重要的一个原则是：让孩子相信父母陪他们的时间并不会减少，父母对他们的关爱并不会减少，每天保证时间和他们在一起。和孩子的交流并不会因为另一个人的出现而有所变化。在言辞和行为上让孩子相信，无论谁进入这个家庭，都不会影响到他。

7　我担心女儿被继父性侵

家长咨询：

我离婚了，9 岁的女儿跟着前妻过，现在前妻又嫁人了。我每天都生活在恐惧中，担心女儿被继父性侵犯。女儿很漂亮，而且做继父的很方便下手，媒体上的这类报道也很多。

女儿和我生活在一起时，洗了澡会光着身子在屋里跑，也从不回避我，还会坐在我腿上。

我告诉过女儿：和你亲爸爸在一起这样可以，和别人不能这样。我也告诉女儿：不要让别人摸你、碰你；如果继父摸你身体敏感部位，就要立即打电话告诉我。我也告诉前妻：绝对不可以出差时把女儿放家里让她和继父过，一旦让我知道发生继父性侵女儿的事，我保证一定会有人丧命。我做了我能做的一切，但我还是不放心，这事令我寝食难安。

我该如何做？

方刚回复：

分析

确实存在女孩子被继父性侵的现象，应该对女儿进行保护和教育。但是这位父亲的担忧与警惕已经让他自己"寝食难安"，这就不正常了。

建议

1. 您对女儿关心、保护的意识是好的，能感受到您对女儿的爱很深。

同时，也不必过于焦虑，继父性侵女儿毕竟只是极少数的情况，绝大多数的继父母家庭是和谐的。

2. 可以本着尊重和信任的态度和前妻沟通，做好对继父的考察和约束，而不是现在这样带着暴力色彩地进行警告和威胁。

3. 您告诉女儿自我保护是对的，但是当目标直指继父的时候，是否想过这会在她幼小的心灵中建构起对继父的过分警惕呢？这是否会影响她以后和继父的关系呢？是否会破坏她的新家庭原本应该拥有的和谐呢？进一步，是否会使她对男人产生恐惧感呢？我们应该帮助孩子更好地成长，而不是把自己的焦虑情绪和负面想法，比如以继父为假想敌，传递给孩子。

4. 您一直处于焦虑和恐惧中，是否想过有可能是对继父的嫉妒心理作祟？而且这样的情绪可能会影响您对人和事的判断，杯弓蛇影，很可能继父也会知道，甚至对女儿和您的关系产生困扰。

5. 好的做法是：让女儿学会自我保护，在任何异性面前，包括在亲爸爸面前也不能裸体，自己的身体任何人都不能看，不能侵犯，以行为、意图还有自己的感受综合判断一个人是否需要警惕，而不是以继父为假想敌。应该教育孩子保护自己的身体，而不是让她处处自危。爱孩子也要相信孩子。

情窦初开

引言

有一份情感（爱情），无论如何都是一件美好的事情，重点是如何处理这份情感。

家长不应该再简单地将青少年的情感污名化了，更不应该采取简单的否定态度，那样不仅可能伤害孩子和破坏亲子关系，而且通常也达不到家长教育的目的。

家长对青少年恋爱恐惧，主要因为担心：（1）影响学习；（2）发生性关系，及其可能受到伤害。

但是，靠禁止恋爱的方式，无法真正解决问题。

赋权型性教育主张，性教育应该培养孩子们处理情感、爱情、亲密关系的能力。所以，我们不回避恋爱，而是教给孩子们如何处理感情，如何面对爱情可能带来的种种困扰。还是那句话：我们致力于增强孩子的能力。

当他们具备处理爱情相关问题的能力的时候，家长的种种担心便是多余的了。

1 儿子仍想念幼儿园的"女朋友"

家长咨询：

我儿子今年上小学一年级，他读幼儿园的时候很喜欢一个女同学，总抱着女孩吻人家的脸，那女孩也喜欢他，两人总在一起玩。曾有另一个小女孩和他玩时说："长大了你娶我吧。"我儿子说："不行，我还要娶某某（他喜欢的女孩子）呢。"

后来上小学了，两人到了不同的学校，很少见面了。但我能看得出，儿子很想念那个女孩子，他也说喜欢她。

我有些担心，怎么办？

方刚回复：

分析

孩子的情感值得尊重，父母没有必要过于担心。

建议

1. 孩子们的感情很纯真，值得尊重。刚上小学，怀念幼儿园阶段的朋友，也是很自然的。随着年龄的增长，通常会自然地变化或淡忘，所以家长不用太担心。

2. 孩子很想念那个女孩子，可以请她来家里玩，一起聊聊学习等情况。

3. 关心一下孩子现在的人际交往，以及对学校生活的适应情况。

4. 告诉孩子：喜欢一个人是好事，你要等着自己慢慢长大，这个过

做不尴尬的父母

程中要好好学习，使自己更加出色。

5. 适时开展更全面的性教育。

2　老师喜欢孩子，他问：这是表达爱情吗？

家长咨询：

儿子 10 岁了，我换衣服的时候，他都主动躲开，还会隔着门问："换好了吗？"我换好了他才进来。

他上英语课外班时，有一个比较年轻的女教师很喜欢他，总逗他，捏一把，掐一下的。儿子就问我："妈妈，她是不是对我表示爱情呢？"我该怎么回答？

方刚回复：

分析

看起来孩子接受过一些性教育，比如，知道尊重妈妈的身体权，妈妈换衣服时特意离开。但也有不足，比如无法区分长辈对自己的喜欢和爱情之间的差别。

建议

1. 对于自己换衣服时孩子主动回避，不必再刻意强化什么。孩子已经知道了尊重妈妈的身体权，知道了性别差异，这是好事。即使家庭没有进行性别差异的教育，孩子也可能通过其他渠道了解和成长了。

2. 至于那个年轻老师的亲昵行为，完全可以理解成一种喜爱。那就这样告诉孩子："爱情是两个成年男女之间的事情，老师对你只是喜欢而已，不是爱情。"甚至可以进一步，借机再多讲一些关于爱情的知识。

3. 可以问孩子，是否喜欢老师那样对他表示亲昵，如果不喜欢，可以委婉地告诉老师。最好是教孩子自己去委婉地表达，这也是他学习成长的过程。

3　女儿被传绯闻了

家长咨询：

我女儿今年上三年级，最近有件很烦恼的事。上一年级时，女儿跟同桌男同学很玩得来，经常跟我们说她同桌很有意思、很幽默。孩子跟同学处得不错，我们也很高兴。

到二年级，换了同桌，女儿还很不高兴。后来，这个男生经常给女儿写纸条。班里开始有传言，说他俩关系不一般。我们就开导她：同学之间玩得来，并不代表就是同学说的那样，不要紧。

有时我们两家约着出去玩，也没有特意回避。

到三年级时，女儿说纸条还在传，不知道怎么处理，但是听得出来女儿很喜欢这个男同学，当然她也知道不能耽误学业。

昨天女儿是哭着回来的，说同学们都在议论他俩，说他俩从一年级就开始谈恋爱。

这事该怎么办呢？

方刚回复：

分析

这实质上是一起绯闻事件，不仅可以借此机会帮助孩子学习如何应对绯闻，更要学习如何应对别人的非议。

建议

1. 安慰引导孩子：之前，你做得就很好。同学之间（不管男女）有友情很好、很重要，彼此喜欢、欣赏，这也很好，但这并不一定就是爱情，对于友情和爱情的理解会随着你年龄的成长逐渐明了。

2. 鼓励女儿和这位男同学沟通。我们不知道男同学的纸条上写了什么（有必要的话就问问孩子），如果让你女儿困扰的是传纸条这种行为，那得让她学会明确表达自己的想法。可以明确跟这个男同学说：有什么话就下课说，或者周末一起出去玩的时候说，不要再传纸条。因为传纸条会影响上课，还会让其他同学觉得很特别，会让人想入非非。

3. 需要告诉孩子的是，人生总会有各种磨难、挫折和困扰，那是避不开的。比如现在同学们的议论，让你很烦心，我们没办法命令别人说自己喜欢听的话、做自己喜欢做的事。但有一件事我们可以做，那就是清楚自己做得对不对，不让别人的传言影响自己。内心坦然，便可以我行我素。

4. 鼓励女儿向跟自己玩得好的朋友寻求支持，希望朋友帮助自己，跟其他同学说明情况。

5. 需要跟老师沟通。全班同学都在议论这事，那就不是小事了。而且，老师在这件事上大有可为，可以开个相关主题的班会，讲讲性教育。第一个主题是关于什么是友情、什么是爱情的讨论。让同学们知道，男女同学之间应该有正常的交往，男女同学相处得好了，不能说那就是爱情。现在大家开始关心爱情这件事，说明同学们长大了，很爱思考。但从另一个角度来讲，恰恰也说明同学们还不理解爱情。第二个主题，是关于如何尊重别人，不议论别人，不造谣传谣，不侵犯别人，如何处理同学关系。

4　儿子总动女生学习用品

家长咨询：

儿子读初三，老师反映，他太"爱挑事儿"，总动女生的学习用品，或动女生的头发、衣服，甚至拍拍对方身体，踢一下对方腿脚等。

家长应该做什么？

方刚回复：

分析

男孩子的做法，其实是异性恋男生青春期渴望与异性接近的一种表现。

建议

1. 理解孩子的做法其实是渴望和女生接触，是青春期异性交往的一种摸索，是"套近乎"，不是"爱挑事儿"，不要过分指责孩子。孩子一定没有接受过如何与喜欢的人交往的教育。

2. 也要提醒孩子，女同学并不一定能够意识到这是友善的玩笑，可能会觉得很不舒服，被冒犯了。可能认为他是"性骚扰"，也可能认为他是"欺负"自己，这就在客观上伤害了别人。所以，类似行为不能再有了。

3. 鼓励儿子和女同学自然、正常交往，比如，和同学聊一些共同喜欢的话题，分享一下自己喜欢的书或电影，甚至邀请几个同学一起来家里做客聊天。不要担心鼓励异性同学交往会促成"早恋"，自然的接触才会减少神秘感，促进平常的友谊。

4. 父母和老师分享上述观点，避免老师进一步给孩子压力，同时促进老师引导、促进同学间的交往。可以通过性教育课程来讲授交往的规则，也可以通过组织集体游戏等活动的方式，帮助同学间建立起自然、和谐、友爱的交往方式。

5　女儿喜欢和男生打闹

家长咨询：

我女儿平时性格内向，课堂上不爱发言，不爱表现自己。但上小学六年级后，老师反映：她总爱与男生玩耍打闹，而且只爱和男生玩，还经常靠在一起，比较亲密。我觉得女儿与男生和睦相处也很好，就没做什么处理。

但不久前，老师又向我们反映，说我女儿非常喜欢和男生打闹，没事儿就在某一个男生周围玩耍。可是当男同学说自己心烦时，她会故意去扭打男生。这引起了全班男生的"公愤"，但是女儿依然喜欢在男生周围玩闹。怎么办？

方刚回复：

分析

女孩子进入青春期，渴望和异性交往，但显然还没有学会交往的规则。

建议

1. 打闹，是青春期孩子们交往的一种方式。只要双方是自愿的，没有构成骚扰，就不必去干涉。

2. 肯定女儿乐于和同学交往的行为，可以和女儿讨论她最爱和哪几个人交往，是什么吸引了她。女儿喜欢跟男生打闹不是错，我们要关注的是提升她处理人际关系的能力。

3. 可以看出来，女儿没有什么心计，甚至察觉不到别人情绪和态度的变化。提醒女儿：和别人交往的时候，要注意到别人的感受，如果有人当时正心烦，或其他什么原因不想和你玩耍，就要尊重别人的意愿。

也就是说，要有"人我界线"，不能把自己的想法强加给别人。

4. 对女儿进行性教育，让她更好地了解自己进入青春期之后的心理和生理特点。

6　儿子被女同学追求

家长咨询：

我儿子是一名六年级的小学生，长得高大威猛，充满阳刚之气，尤其是打篮球的时候，帅气十足，常常引来众人围观。

可他最近在家里经常哭闹。邻班有个小女生对他心生爱慕，每到课间就堵在班级门口对他进行"骚扰"，并到处散播言论，称我儿子是她的男朋友。久而久之，我儿子班里的同学都将这名女生默认为他的"小媳妇"，并常常拿他俩开玩笑。

我儿子是个性格内向的孩子，对这名女孩子他只能躲避，而班里的舆论使他的情绪异常低落，学习成绩大受影响。在妈妈的追问下，我儿子将苦恼告诉了妈妈，却坚决不同意将此事告知班主任。

我们父母应该做些什么呢？

方刚回复：

分析

1. 孩子"经常哭闹"，也影响了学习，说明他内心已经有创伤了。

需要格外重视，认真处理。

2. 不同于前一个传绯闻的事件，这个故事里还涉及示爱与拒绝等话题。

建议

1. 向孩子了解一下：女孩子向他示爱，以及传播他们关系的言论时，他做了什么？如果什么都没有做，也不必责怪孩子，因为他还没有机会学习如何处理情感问题。但是，可以告诉他：靠"躲避"，解决不了问题。今后遇到这样的情况，如果自己不喜欢那个女孩子，可以态度非常明确地告诉她，不让她有幻想。

2. 对于传言，可以尽自己所能澄清。比如，鼓励孩子向自己关系好的朋友寻求支持，倾诉也好，找朋友帮忙澄清也好，让孩子建立起自己的支持网络。

3. 有时候，即使澄清了也依然会有人拿这件事议论。因为嘴长在别人脸上，我们很难去控制别人说什么，但我们可以调整自己面对传言的态度，自己问心无愧，传言就伤害不了我们。告诉孩子：你现在更重要的事是学习如何面对挫折，如何处理负面情绪。对于一个孩子来讲，这是一件挺麻烦的事情，但是恰恰可以通过这种事锻炼他在这方面的能力。孩子遇到挫折有消极情绪是很正常的，家长在这个过程中也要允许和接纳孩子的消极情绪，孩子感受到了家长的爱和支持，会更有力量面对逆境。

4. 孩子不希望告诉老师，是可以理解的。但是，要和孩子交流：这件事情班里同学都在议论了，老师可能已经知道了；而且要解决这个问题，必须有老师的配合，因此爸妈觉得还是应该和老师商量处理方法，但会嘱咐老师处理好，不做让你难堪的事情。

5. 请老师出面，与女孩子沟通，她属于单恋状态，我们要尊重她的情感，肯定她的情感，我们可以给她提供建议：喜欢一个人是很好的，但是表白有很多方式，也要尊重别人的感情，更不可以传播不实的言论。进一步，要引导她如何处理单恋感情。

6. 在全班进行一次性教育课程，让大家学会正视青春期的情感萌动。同时也告诉孩子如何面对传言，不传播让别人不舒服的传言，做一个受欢迎的社会成员。

7　女儿和男友的性爱聊天被发现

家长咨询：

女儿读初一，有个男朋友，是她主动向男生表白的，然后两人就在一起了。

在学校，两人总是通过字条、笔记本对话的形式聊一些青春期的话题，女儿会写想要跟男生亲吻、春梦的场景（两个人发生性关系）、自慰、"想上你"、"帮你破处"等，话题内容尺度挺大的。

两个人在一起亲吻等这些肢体接触都发生过，但是涉及性行为的时候，女儿明确拒绝了男生。

现在，两个人在一起以及两个人谈论的这些对话被班主任及我们家长知道了。因为在他们的对话当中，我女儿是话题的引领者，所以男方家长反应很大，要求我女儿转学，扬言不转学的话，就把他们的对话发到家长群。

作为家长，我们该怎么办？

方刚回复：

分析

青春期聊性，是男女恋人间的一种情感和性欲的满足方式。女生主动，和传统的社会性别角色相违背，更容易让人对女生产生污名印象。

建议

1. 双方家长、老师，都要充分理解青春期恋爱，以及恋爱中的情侣亲密行为，包括"聊性"、接吻、抚摸，甚至性爱的亲密行为，这些行为在今天青春期的孩子中并不罕见，不能对他们的行为污名化。

2. 也不应该对"主动"的女孩子污名化，现在的许多年轻女性已经不再受"在亲密关系中女性应该被动"这样的价值观影响了。您的女儿是有主见的，在行使她的身体权，包括她主动示爱、亲密，也包括她拒绝发生性行为，都是她对自己身体权的把控。

3. 共情男生家长。男生家长一定认定自己的儿子是"被女生带坏"的，才会提出现在的要求。但男生只要不是被迫的，就应该对自己的行为负责，男生家长也应该对自己孩子的行为负责，他们作为孩子的监护

做不尴尬的父母

人，是不能把孩子"早恋"的责任推到一个同龄女孩身上的。

4. 建议不要给女生转学，这对女孩子可能是一种伤害。男生家长也没有权力要求女生转学，而且如果换了这个男生是话题的引领者，男生家长会给自己孩子转学吗？告诉男生家长：如果真把聊天记录等发到群里，涉嫌侵犯隐私，自己和女儿可以追究其法律责任。

5. 面对现在来自学校和男生家长的压力，更不要责怪女儿，要给她足够的安慰和支持，共渡难关。同时，和女儿进行沟通，提供良好的性教育，确保其是在"自主、健康、责任"的性爱三原则基础上处理自己的情感和性的问题。

6. 和老师进行交流，安抚男生家长，不要责难两个孩子，不要在班级中披露他们的隐私。后续在班级中开展性教育，促进所有孩子都能够更好地处理情感问题。

8 儿子"早恋"被父亲打

家长咨询：

在我们家里，孩子的爸爸很强势，我这个做妈妈的没有话语权。

儿子因为"早恋"，被他爸爸打，打得很重。他爸爸还说：早恋不停止，就还要打。

我心疼孩子，劝说他爸爸不要打了，但没有用。

没有办法，我就劝儿子不要"恋"了，孩子含着泪问我："你告诉我怎么忘掉她？"

看得出，让孩子放弃这份感情，他会非常痛苦。

我心里难受极了，不知道怎么办。

方刚回复：

分析

1. 父亲是控制型的，他以为对儿子进行的是"管教"，其实是家庭暴力。这样的暴力无助于解决问题，反而会制造新的问题，对孩子造成很大的伤害，对亲子关系也产生重大的破坏。

2. 父母间不平等的关系，也是这个家庭中的一个重要问题。

3. 恋爱并不必然影响学习，没有处理好恋爱关系才会影响学习，父母强力打压孩子的恋爱更会影响其学习。

建议

1. 父亲立即停止施暴，针对暴力行为向孩子道歉。如果父亲继续施暴，妈妈可考虑报警，或者寻求专业的社工组织、反家暴组织的帮助。

2. 认可和接纳孩子的感情，同时激励孩子在恋爱的同时紧抓学习。

3. 帮助孩子学习恋爱的技能，培养孩子处理恋爱过程中遇到的问题，比如与学习的冲突等的能力。

4. 如果父亲做不到，妈妈应该全力支持孩子，如果暴力持续，就一定要离开暴力关系。

9 儿子和女朋友一起逃课了

家长咨询：

我儿子是 16 岁的高中学生，在学校谈恋爱了。老师告诉我们之后，我们没有反对，因为我们知道反对也没有用。但他们并没有自律，相反，一起逃课了，好多天没有上学。有一天，我帮孩子清洗书包的时候，发现了安全套。

我该怎么做呢？

方刚回复：

分析

我们反对"规训"式的教育，主张赋权给孩子，但是，赋权不是"弃权"。遇到孩子的"性问题"，家长不应该放弃引导的责任。

建议

1. 孩子恋爱了，家长没有生硬反对孩子恋爱是对的，但应该对孩子进行恋爱观的教育。比如，如何恋爱又不影响学习，如何在性上做到"自主、健康、责任"，等等。

2. 现在有些中学生把安全套当"护身符"一样带在身上，并不一定用于性生活。父母发现孩子书包里有安全套，可以不带指责地说，如果有了性关系，使用安全套是负责任的。要肯定他的性安全意识，同时也进一步强调性爱的三原则。

3. 家长没有反对，但一对小恋人逃课了，要了解他们为什么逃课，是遇到什么压力了吗？比如，老师对他们的态度是什么？也可能是老师给他们太大压力，他们才逃课的。无论他们遇到了什么问题，父母都要努力帮助他们解决问题，包括和老师沟通，不给孩子过度的压力。这些是促使孩子认真学习的必要条件。

4. 发现两个孩子身上的积极力量，和他们一起规划未来的人生，用未来的美好生活激励他们，使他们能够更多地投入学习中。

5. 必要的时候，和儿子的女朋友的父母进行沟通，保证双方父母采取一致的态度对待孩子。

10　女儿和男生暧昧聊天

家长咨询：

我女儿六年级，有一天晚上该睡觉的时候没睡觉，感觉她在用电话手表和同学聊天。后来她睡着了，我看了一下（平时基本不会看她的聊天记录）。结果发现她在和一个男生聊天，应该是同校不同班。

男生说自己自慰，什么关于做爱的事。我女儿先是不太懂，打哈哈，后来俩人聊能不能怀孕，俩人还互发了暴露照片。

我女儿还让他帮忙找男朋友，他说了一两个，我女儿问了下情况，嫌矮。

我看到后很震惊，孩子青春期可以理解，但是和男生这样聊天，而且发照片，我有些接受不了。

我打算和她说这个事，并打算电话警告那个男生。但怎么说，什么尺度，没想好。

我担心如果一下子说破了，可能我自己会控制不住情绪。

另外，我想没收她的电话手表，不让她用了，减少这类暧昧聊天的机会。

方刚回复：

分析

孩子六年级，正值青春期，对"性"好奇，讨论有关性的问题是正常的，不感兴趣才需要担心呢。

建议

1. 您不需要感到太吃惊，他们谈论的话题，都是今天这个年龄孩子们普遍谈论的。父母通常会把自己的孩子想得很单纯，以为他们"什么都不懂"。其实，今天的青少年对性的了解远远超出成年人的想象，也远远超出父母青春期时的状况。

2. 您在孩子睡着时偷看她的聊天记录，是不对的。如果直接和孩子谈，反而会失去她的信任。要在合适的时机，比如，在看电视、电影有爱情或性的情节，或者针对社会热门事件适时巧妙地进行引导。而且正如您所担心的，如果您控制不好情绪，谈话效果可能适得其反。

3. 针对前面的描述，需要和孩子具体沟通的内容包括：网络交友的注意事项；暴露照片涉及自己的隐私，有潜在风险；恋爱观；等等。交流的目的是帮助孩子了解性的三原则：自主、健康、责任。

4. 您的孩子正是好奇的时候，现在是进行相关性教育的良好机会。全面的性教育，对于没有接受过性教育专业训练的家长可能有难度。建议家长让孩子系统、全面地学习性教育。与其让孩子从其他不确定、不可靠的渠道去了解不正确甚至可能有害的性信息，不如让她接受专业的性教育。

5. 给男孩子警告的想法是不妥的，他也只是缺少正确性教育的青少年。即使帮女儿挡掉了这个男生，以后也很可能碰上有类似行为的其他人，家长不可能永远把孩子放在真空里保护。您给予女儿及时正确的性教育是最有效的做法，她不好奇了，懂得性的三原则了，自然不会再在这个方面花太多精力，也能有效拒绝来自同伴等的不正确引导。

6. 关于电话手表，建议您不要禁用。禁用解决不了问题，只会引发孩子的反叛，那时他们可能就会做出更加"出格"的举动。"堵"不如"疏"，对孩子进行正确的性教育，相信孩子能够做出正确的选择。

11　初一儿子同时和三个女同学发裸照

家长咨询：

儿子 13 岁，读初中一年级。最近，我们发现孩子的手机里面有三个女同学的裸照，是全身的裸照，还露脸。他自己也拍裸照发给女同学。也就是说，他竟然同时跟三个女同学这样聊天发裸照。看孩子的聊天记录，我们知道都是女同学自愿发的。

我们很害怕。第一，如果女同学家长知道了，其他同学知道了，对孩子的影响太坏；第二，这样下去，孩子成年之后如果以这种方式同时撩很多人，会给他带来很多麻烦。

孩子的学习成绩一直非常好，很有上进心。

方刚回复：

分析

1. 聊性、互发裸照，都是孩子青春期的性探索。孩子已经得到了"正向激励"，即女同学愿意和他互发裸照和聊性，再让他放弃，就很难了。

2. 家长说没有影响学习，孩子仍然非常上进，这就值得欣慰。这也说明，对性的探索并不一定和学习相冲突。

建议

1. 家长是如何看到孩子的聊天记录的？孩子主动给家长看的还是家长偷看的？如果是偷看的，可能在决定跟孩子沟通之前，要先跟孩子道歉自己偷看他聊天记录的行为。

2. 不要打骂、责难，要理解青春期孩子的性萌动无处安放，对孩子的行为表示理解。

3. 跟孩子讨论这件事给他带来的好处和风险，好处是了解了异性的身体，满足了彼此的好奇心，得到了性欲的释放；风险可能是，这样的行为在目前的主流文化里并不被接受，所以如果被其他同学、家长、学校知道了，会受到指责，给自己和那几个女同学带来困扰和压力。

4. 孩子如果说不让其他人知道就行了，就可以提醒孩子：你看我们现在就知道了，你怎么保证那几个女同学的家人或朋友一定不会知道呢？

5. 继续鼓励孩子保持上进心，树立远大的理想，当孩子有一个远大理想的时候，就更有可能做出负责任的选择。

6. 帮助他理解：同时撩几个女孩子，这样的事情就会被人称作"人渣"，无论在学校、职场，还是在亲密关系中，都会有非常多的麻烦，会给自己带来很多负面评价，也可能直接阻碍他实现自己的人生目标。

7. 理解孩子还小，可能对危险性的判断能力不足，进一步鼓励孩子在做选择的时候评估各种风险，保护好自己，也保护好他人。

12 女儿和恋人亲密，被强迫休学一周

家长咨询：

我家孩子在一所国际学校读高中的衔接班。该学校不允许学生在校时和恋人有亲密行为（牵手、勾肩搭背、拥抱、亲吻等），必须保持正常的社交距离。

之前，班主任和我都跟孩子讲清楚了，必须遵守校规校纪。结果，提醒两次后，孩子还是触犯了校规校纪，被遣送回家休学一周。

孩子很不满，说亲密是他们的权利，学校无权干涉。

希望得到您的指导，我该怎样跟孩子说，才能让她得到更好的引导？

方刚回复：

分析

从描述看，学校和家长都没有反对孩子恋爱，只是反对在学校有亲密行为。孩子要学习的是个人意愿、权利与体制内的规则之间的协调。

建议

1. 看得出来您和学校都是不禁止孩子恋爱的，只是针对校园内的亲密行为进行规范和处罚，这一做法还是比较开明的。可以肯定孩子对美好感情的向往，也理解他们彼此在"自主、健康、责任"原则基础上的亲密行为，这是和孩子进行沟通的良好基础。

2. 告诉孩子，学校等公共场所的规则是要遵守的。我们理解你们有彼此表达亲密的需要，在家里或相对私密的地方没有问题，在公共场所就要考虑一下别人是否愿意看，是否侵犯了别人的权益。虽然我们有表达自己亲密的权利，但是学生的身份更要求我们遵守校规校纪。

3. 如果孩子说，校规校纪不合理。家长可以说，世界上有很多事情都是不尽如人意的，但是，身在体制中，有时我们是需要让出部分权利的。当然，如果孩子实在觉得校规校纪不合理，可以尝试向学校表达自己的想法，争取自己的权利。

4. 允许孩子周末或放学后来家里一起学习，为他们的亲密行为提供私人空间。

5. 在孩子充分认识到自己的行为违反了校规校纪的情况下，家长可以和老师沟通，比如，尽早结束休学，未来不对孩子有偏见，等等。

13 追求不成，羞辱女生

家长咨询：

我儿子读初中一年级。

老师找我们，说我儿子喜欢班里一个女生。儿子总是靠近她，想接触她，却被女生严厉拒绝。儿子还纠缠，女生对她很反感，很看不起他。结果我儿子现在总用特别难听的话骂那个女生，一看见她就找碴儿骂她，还做伸中指这样的下流动作。

我该怎么办？

方刚回复：

分析

求爱不成反成仇，这是孩子缺少恋爱教育的后果之一。

建议

1. 告诉孩子：你喜欢别人，对别人表白，没有错，这是你的权利。

2. 同时强调：你有喜欢别人的权利，别人也有决定是否喜欢你的权利，我们应该尊重对方的选择。女生拒绝你，是她的权利，你再反复示爱，在她的感觉中就会变成纠缠，变成了性骚扰，那就让她讨厌了。所以，她反感你，也是有原因的。

3. 遇到别人拒绝我们的示爱，面对不喜欢自己的人，礼貌地转身，也是有尊严的表现；或者礼貌地道歉，因为我们毕竟打扰了对方的生活。这样反而会获得对方甚至其他人的尊重。

4. 你现在对待那位女生的态度，是因为你被拒绝感到受伤了，爸妈理解你。有这样的情绪是很正常的，你可以找朋友倾诉，或者找爸妈倾诉，倾诉之后你就会觉得没有那么受伤和难过，也不会那么生那个女生的气了。尊重别人，别人才能尊重你。你骂女孩子，做出下流动作，只会使别人更讨厌你，重要的是，这些都不是一个高自尊的孩子应该做的。恰恰证明了那个女生拒绝你、反感你、看不起你是对的，说明你不是真的喜欢她。而且，别人更难理解你的受伤和难过，反而会更加误会你是不懂得尊重别人、不懂得感情的人。所以，这样的做法不仅影响你和这位女同学的关系，而且以后大家都可能会疏远你。但爸妈相信你不是一个坏孩子，只是不知道如何处理这份感情，所以这样做不完全是你的错，而是我们没有及时进行性教育的错。

5. 事情已经发生了，希望你认识到自己的感情没有错，只是表达感情的方式和行为不合适，所以需要为你的行为给女生造成的困扰道歉，相信她一定会谅解你的。而且，在该道歉的时候道歉，就可以换回他人对你的尊重，这是最有尊严的表现。爸妈相信你是一个自尊和尊重他人的好孩子，相信你一定会做出正确决定的！

6. 同时，家长应该建议学校开展性教育，包括恋爱教育。

14 "留守儿童"的情感很丰富

家长咨询：

我和孩子妈妈多年来在省城打工，儿子16岁了，坦白地说，我们很少管孩子。孩子的学习成绩比较差。

最近老师打电话给我们，说儿子经常告诉大家他喜欢某某女生，而且经常换。他在手臂上刻上他所喜欢的女生的名字，那个女生不理他，他很受伤，于是喝啤酒、抽烟。

老师启发他把自己的情感写出来，他居然当天晚上一直写到1点多，写了2000多字，虽然错字很多，但情感太丰富了，感觉都宣泄出来了。

老师让我们多给孩子一些关注。我们应该怎么做？

方刚回复：

分析

1. 绝大多数"留守儿童"长年缺少父母的关心与情感支持，内心孤独、苦闷，进入青春期之后对亲密关系有更强的渴望，是很正常的。但是，学习如何处理亲密关系，恰是他们面临的艰难课题。

2. 孩子经常更换喜欢的女生，并不一定是"滥情"，很可能是那个女生不喜欢他，他转移到别人身上。

建议

1. 首先感谢老师对孩子的关心。这位老师的处理方式很好，孩子的情感宣泄出来了。期待老师可以继续给予孩子关注与支持，包括给孩子全面的性教育，帮助孩子学会处理情感和亲密关系。

2. 肯定孩子长大了，喜欢某个女生是很正常的，同时要懂得尊重女生，爱是相互的。但别人也有不喜欢你的权利，如果对方不理你或不允许公开，就不要到处宣扬。借这个机会，对孩子进行恋爱能力的教育。

3. 鼓励孩子学会自我爱护，对自己负责。告诉孩子：喝酒、抽烟、手臂上刻名字，都是伤害自己的行为。作为父母，看到孩子伤害自己的时候，也会很难过和心疼。要让孩子感受到父母的爱，更有可能引导孩子做出负责任的选择。

4. 发现孩子的长处，比如情感丰富，具备爱心，等等。从这些长处出发，赞美他，帮他树立自信，进而帮助他规划人生，激发其进取心。

5. 作为家长，对于"留守儿童"应尽可能地给予多一点的关心和陪伴。平时，孩子可能缺乏倾诉对象。正值青春期的孩子，心理和生理都发生了巨大的变化，心里会有很多疑惑，生活会面临很多困难。在外地打工的家长可以多用电话、视频等工具与孩子沟通交流，表达自己对孩子的关爱和思念之情。

15 女儿遇到"成熟"的女同学

家长咨询：

我是一位初一女孩的妈妈。前段时间学校组织学生去外地参观，住在酒店。女儿和一个女生住一个房间，那个女生特别成熟，爱看英文小说，对社会很了解。那天晚上，她就和我女儿讲了许多社会上男女关系的事，什么潜规则呀离婚呀。我女儿很单纯，听了非常震撼，非常害怕，都吓哭了。

第二天，女儿说："妈妈，她太可怕了，我不敢和她交往了。"

作为妈妈，应该怎么办？

方刚回复：

分析

"成熟"的女孩子对"单纯"的女孩子进行了一次"同伴性教育"。总体而言，我认为学生较早了解这个社会的复杂性，并不是坏事，但不能让他们对社会丧失信心。

建议

1. 女儿愿意和妈妈谈同学间交流的性话题，是非常好的，说明亲子关系很融洽。这既可以帮助妈妈了解女儿，也可以借机进行性教育。

2. 帮助女儿正视社会的复杂性，告诉她：那位同学讲的，确实存在，但是，不是全部。绝大多数人的亲密关系，都是美好的。正因为存在各种各样的可能，所以我们要处理好自己的情感，使自己尽量拥有美好的亲密关系。我们获得幸福的能力是先从爱自己开始的，比如，自信、自我悦纳和认同，不断提升自己的内在力量，这样就有更大概率拥有美好幸福的亲密关系。

3. 告诉女儿：给你讲这些的同学并没有恶意，是否跟她交朋友并不重要，重要的是不要轻易否定一个人。同时告诉女儿：那位同学只是讲了她知道的，这个世界很复杂，还有许多她不知道的，不必感到害怕。

4. 如果有机会，也要告诉那个"特别成熟"的女生：这个社会确实存在许多不完美的地方，重要的是过好我们自己的人生。

16 初一女儿恋爱了

家长咨询：

我女儿读初一。新冠疫情期间，不能外出，我们发现她与一个初二男生在微信上打游戏，感情迅速升温，微信互称老公老婆。当时我们就找女儿谈了注意事项，让她把握尺度，并把身边已发生过的早恋带来的后果告诉她。

可是，孩子仍我行我素，我们控制她的游戏时间、聊天时间，孩子一直反感抗议，不愿意跟我们说话。她在客厅上网，不让我们靠近，手机一交给她，立马就抓紧一切时间与对方聊天。

开学后，老师反映，她和那个男生每天找机会到隐秘处拥抱、亲吻。老师找她谈话，她落泪，回来仍我行我素。

老师和我们说了，我们只能每天送她上学、接她放学，不给他们机会。但孩子会利用十多分钟课间休息时，找秘密地方，进行每天例行的亲吻节目，还和我们说，不想回家。

方刚回复：

分析

面对青春期恋爱，家长和老师简单的阻止态度，无助于孩子处理好学习和恋爱的关系，反而可能陷入和家长、老师的对抗中。

建议

1. 家长和老师的做法，属于简单的"规训"。老师找孩子谈话，她都落泪了，可见老师当时很不客气了。孩子已经和父母说"不想回家"了，可见亲子关系到了什么地步。这种简单粗暴的处理方法，不仅伤害了亲子关系，对孩子的学习、心理造成直接影响，还会使一对小恋人结合得更紧密，完全达不到老师、家长试图拆散他们的目的。所以，必须改变方法，否则后面将面临更大的挑战。

2. 建议家长接纳孩子恋爱的现状。青春期的孩子渴望爱情，渴望亲密接触，是正常的，也是他们成长中的重要环节。父母不必把青春期恋爱想象得害处多多，更不要试图去控制、制止两个孩子。父母要充分接纳孩子，孩子在安全、被接纳的状态下，才更可能做出对自己和他人负责任的选择。

3. 父母接纳孩子的同时，给孩子提供全面的恋爱教育，如何处理恋爱中可能遇到的问题。诸如：性，学习与爱情的对抗，吃醋与嫉妒，老师的反对，同学传绯闻或非议，恋爱中的冲突，恋爱中的三观，移情别恋，失恋，等等。如果家长没有能力做这样的教育，就给孩子买专业的书籍，或者送孩子参加专业的性教育课程。比如，可以和孩子协商：爸妈不反对你们恋爱，但你们要去参加学习如何恋爱的性教育营。总之，在面对中学生恋爱的时候，父母应该致力于增强他们处理情感问题的能力，而不是简单地反对他们恋爱。

4. 具体到在校园里接吻，老师反对这件事，可以和孩子讨论：学校的规则还是要遵守的，你们可以考虑放学或假日到家中一起学习，毕竟，亲密举动更适合在私人空间进行。

5. 家长在学习改变"规训者"角色的同时，也尽可能影响老师，让老师也转变成为促进孩子增能赋权的角色，信赖孩子，允许他们对自己的生命进行探索。

17 "乖女儿"很痛苦

家长咨询：

我女儿读小学五年级，特别喜欢一个男孩子，特想和他坐一起，但又觉得不对。

我告诉她：喜欢是一种很美好的感情，但不适合此时表达，两人应该尽量避免单独接触。

女儿做到了，但很痛苦。她告诉我："妈妈，我一直没有单独和他相处过，但我就是喜欢他，想他，晚上在被窝里都想得哭了。"

父母如何做合适？

方刚回复：

分析

家长将孩子的情感理解得过于简单化了，==未理解孩子的情感同样可能是真实而深刻的。试图让孩子压抑、转移情感，反而可能既影响她的心理健康，也影响她的学习。==

建议

1. 家长肯定这是"很美好的感情"，是对的。但是，简单告知"不适合此时表达"，以及"尽量避免单独接触"，是简单的规训，无助于孩子的成长。孩子是一个听话的乖乖女，在这个事例中，为了"乖"，因为"顺从"父母的意见而压抑自己，已经给孩子的心理带来了创伤。

2. 应该和孩子一起讨论如何面对这份感情，告诉她：你喜欢他，想和他坐在一起，想和他多接触，非常正常，没有任何不对。同时要对多接触后的发展做好准备，比如，如果他不喜欢你怎么办，如果你发现自己不再喜欢他怎么办，如果你们相互喜欢下一步会做什么，如果恋爱了，如何处理两人间的关系，如何处理恋爱和学习的关系，等等。在这样的讨论过程中，给孩子增能赋权。

3. 对于青春期的情感萌动，压抑与转移是一个办法，但不是每个人都适合这个办法。特别是，要让孩子充分理解每个选择的意义，根据自己的能力做出选择，而不应该是家长替他们做选择，这样本质上仍然是"规训"。

4. 在上述讨论之后，孩子如果还是喜欢那个男生，建议家长鼓励孩子多创造机会和那个男孩子交往，让他们正常接触。我们应该鼓励孩子们交往，无论性别，如果因为某些担心强行隔离他们交往，孩子们的心理和学习就会受到影响。

5. 距离产生神秘感，激发更深的渴望。相反，通过正常交往走近了，神秘感消失了，未必会出现家长担心的一些事情。重点是，帮助孩子学习处理情感问题。

同性

做不尴尬的父母

引言

　　同性恋是今天青春期孩子们非常关注，也无法回避的问题。任何掩耳盗铃的做法都是对孩子不负责任的行为。

　　理解和处理同性恋问题，首先家长必须具备正确的、接纳的价值观。

　　同性恋和异性恋一样，是一种美好的情感，父母和老师应该无条件地接纳同性恋的孩子，陪伴他们面对各种挑战。

　　同性恋是不可能通过扭转治疗改变的，且要明确拒绝扭转治疗。

　　赋权型性教育主张，家长接纳孩子的性倾向，但是也不要主动给孩子贴标签，同时肯定孩子的自我探索，告诫孩子不要急于给自己贴标签。

　　父母和孩子都要检讨自身内化的"恐同"文化的影响。

1　女儿说她是同性恋

家长咨询：

女儿高二，告诉我她是同性恋。作为单亲妈妈，我无法接受她是同性恋。

我想了解一下同性恋的成因，如何能够让女儿正常，是否能用药治疗？

我离婚了，我想这是否影响了女儿成为同性恋？我自己被男人伤透了心，现在看见男的就恶心，觉得自己的心态有段时间不健康，但是后来转变了，不能一竿子打死一船人。自己心态能改变，为什么孩子心态不能改变？

中国又不是美国，女儿是同性恋，未来受歧视，工作都找不到。而且，同性恋不结婚，生活会有很多困难，养老都是问题。她不生孩子，我也没有外孙或外孙女抱了。

方刚回复：

分析

这位妈妈的想法，几乎是同性恋孩子向父母出柜后，父母共同的想法。我们要做的，是将这些常见的困惑逐一清除，从而帮助同性恋者的父母成长。

建议

1. 孩子向父母坦白自己是同性恋，是需要非常大的勇气的。如果父母采取简单的排斥、否定态度，会让他们非常伤心。

2. 同性恋是没有办法"扭转"的，全世界没有经过检验的"扭转"成功的案例。那些自称能够"扭转"同性恋的咨询师，要么是无知，要么是骗人。

3. 同性恋研究的学者普遍认为，同性恋是天生的，所以，女儿是同性恋，和您离婚、曾仇视男人，没有关系。有些落伍的心理学者说什么"母亲太强势，孩子成同性恋"之类的，都是非常过时、落后的说法。

4. 您清楚同性恋者受歧视，那就更应该支持您的孩子。如果全世界都排斥、敌视、伤害您的孩子，来自父母的支持就是他们最强有力的支持，使他们可以勇敢地面对全世界的排斥、敌视和伤害。而如果父母排斥、敌视、伤害他们，即使全世界都支持他们，他们还将是痛苦的。许多同性恋者因为父母的反对而自杀，我相信这是您不希望看到的。

5. 父母都是爱孩子的，爱孩子就希望他们过快乐幸福的生活。您的孩子和同性在一起才快乐幸福，您也应该为此感到快乐幸福。爱孩子，从接受孩子的性倾向开始。

6. 您关于女儿未来的焦虑，是可以理解的，但是您忽略了整个社会对同性恋的态度正在转变中。比如，有一些"同志友善"的企业，会非常积极地招纳同性恋员工，给予无偏见的同等待遇；一些同性恋者选择自己创业；所以工作不是问题。异性恋也有一些人不结婚，所以，不要因为女儿可能无法结婚而操心太多。至于她的养老，未来社会将有很多养老渠道，靠儿女养老的观念早就过时了。您未必没有外孙或外孙女抱，人类的辅助生殖技术已经很发达了。

7. 有一个全部由同性恋、跨性别者的父母组成的公益组织，叫"出色伙伴"。建议您多参加他们的活动，和其他同为同性恋者父母的人多交流，他们也都经历了和您一样的心路历程，您可以看看他们是怎么走出这个困境的。

8. 建议后续多读一些关于同性恋的书或文章，对女儿有更多了解。也推荐您看一部关于同性恋者和他的母亲的电影《天佑鲍比》。

2 儿子的同学有同性恋，怎么办？

家长咨询：

孩子才上小学六年级，回家问我："同性恋是怎么回事？"原来，他的同学中有一个同性恋，大家议论，那人也不在乎。

我非常担心，现在同性恋者成时髦了，而且越来越多。我非常担心我的孩子也被"传染"成同性恋。

方刚回复：

分析

家长的担心，是"恐同"文化造成的。所以，重要的是帮助家长澄清关于同性恋的一些困惑。

建议

1. 说"同性恋时髦"的观点非常奇怪。成为同性恋，可以升学加分吗？能够评三好学生吗？走在街上会被人们喝彩吗？所以，根本不存在所谓"同性恋时髦"。

2. 当前，能够看到的同性恋者多了，并不等于同性恋真的多了。所谓同性恋者"越来越多"，有两种可能。一种可能是，以往同性恋者处于整个社会高度污名化的情况下，他们更深地"隐藏"自己，所以人们能够看到的同性恋者非常少；而现在社会较宽容了，同性恋亚文化运动很活跃了，更多同性恋者开始走出来，面向公众，所以只是我们能够"看到"的同性恋者多了。另一种可能是，当同性恋长期被污名化的时候，更多的人受社会压力的影响，无法认识到自己的性倾向，即使认识到了也没有勇气面对，所以只是"潜在"的同性恋者。而如今，越来越多的人可以认识到，并且勇敢面对自己，所以公众看到的同性恋就"多了"。研究显示，无论一个社会对同性恋者采取什么样的态度，同性恋都只是人群中的极少数，他们占总人口的比例，不分种族、国籍，是相对恒定的。

3. 不必担心您的孩子被"传染"成同性恋。美国有研究显示，即使在一对同性恋者组成的家庭中，他们收养的孩子整天和同性恋家长待在一起，成年后也几乎全是异性恋。何况，您的孩子只是面对社会中非常少的同性恋者呢？

4. 理解了这些，也就不难回答孩子的问题"什么是同性恋"。同性恋，就是一个人对另一个同性的爱情，和异性恋一样，都是美好的感情。这个世界因为多样才美丽，每个人都有权利过自己的生活。所以，告诉孩子，如果有同学是同性恋，不要歧视和嘲笑他，如果别人这样做，还应该阻止。家长对孩子同性恋同学的担忧态度和言论，实际上是在传递一种"恐同"情绪，不利于培养孩子成为一个多元包容的人。

5. 家长不要把心思放在孩子未来的性倾向上，要把心思放在如何使他成为快乐、积极、健康的人。

3　儿子的"独特早恋"让我迷惑

家长咨询：

我儿子读初二。老师告诉我们，他早恋了，而且还是三角恋。老师看到他亲吻一个男生，又看到他和一个女孩谈恋爱。

我儿子到底怎么了，真让人很迷惑啊。

方刚回复：

分析

家长需要不断学习新知识，才能够理解孩子。在对性倾向和性别多元无知的情况下，甚至是接受了过时的错误观念的情况下，不可能正确地面对孩子的情况。

建议

1. 孩子是否在与两种性别的人交往，需要与孩子沟通，老师的了解有可能是片面的。比如，有些处于青春期的同性恋孩子，会担心外界的偏见和歧视，高调地与另一种性别的人交往，实际上是为了掩盖自己是同性恋这个事实。

2. 单纯从行为表现看，他可能是双性恋，也可能是跨性别双性恋，还可能仅仅是在表达不同的亲密情感，非本人不能够也不应该做简单判定。家长和老师搞不清楚，可以问孩子。如果孩子不愿意说，就尊重他。

3. 像对待异性恋的青春期恋爱一样看待，引导当事人做出对自己和他人负责任的选择，不因为亲密情感影响学习。

4. 具体到三人关系，老师和家长需要了解：当事人是否知情，是否都是自愿的，没有反感。如果是，就帮助他们提升处理多元关系的能力。

4 女儿和另一个女生"关系不正常"

家长咨询：

我女儿高一时，和一个女生关系很好，整天黏在一起。那个女生也总来我们家玩。但到了高二，那个女生就不来了，看不到她们在一起了，女儿也不愿意提她。

不久前，班主任老师和我说，我女儿和那个女生不知道为什么在学校又吵架了，我女儿差点儿把那个女生掐死。老师说，她觉得我女儿和那个女生"关系不正常""不是正常女生之间的友情"。我带女儿看了心理咨询师，好像也不太管用。

方刚回复：

分析

两个青春期女孩子间的冲突，可能有不同的原因。班主任老师的"恐同"态度，可能误导我们，影响对这两个孩子的帮助。

建议

1. 青春期伙伴间时而亲密，时而闹矛盾，是非常正常的，这也是青春期友情的特点。班主任老师声称"关系不正常""不是正常女生之间的友情"，明显在暗示她们的性倾向，这是老师的"恐同"心理在作祟。不应该给孩子贴标签，孩子是什么性倾向，应该由她们自己判断。所以，父母不要受老师这个态度的影响，必要时还需和老师澄清。

2. 建议父母本着尊重、关爱，而不是指责和责问的态度，和女儿认真谈一下，到底和那个女同学发生了什么。不要太相信老师"差点掐死"的描述，看起来这是一个非常喜欢主观判断的老师。如果女儿愿意说就最好了，可以有针对性地帮她们解决问题；如果女儿不愿意说，也要和女儿分享一下交友的原则、冲突的处理方式，以及法律和安全的界线。

3. 如果可能的话，也和另一位女生谈一谈，更全面地了解情况。同时，也引导双方都学习朋友相处的规则。

4. 如果确实两人间存在爱情，家长也要充分地接纳。如果是因为爱情带来的冲突，家长要引导女儿学习处理情感，包括失恋。

5. 这个事件，似乎找性教育工作者或心理老师就可以了，不一定找心理咨询师。如果找的话，也要很慎重地选择。心理咨询师的专业能力、知识背景、价值伦理，参差不齐，一定要找了解青春期知识、学习过性教育、具备性多元理念的咨询师。

5　儿子决定不向喜欢的男生表白

家长咨询：

我儿子读高一，学习成绩很好。

心理老师告诉我，他曾找老师聊过，说自己喜欢班里的一个男生（成绩更好），一看到他便心跳加快，向老师咨询该怎么办。

老师表示接纳。告诉他，这很正常，让其思考表白和不表白的可能结果及危害、好处，自己决定怎么做。后来他权衡之后决定不表白，并以那个男生为榜样，好好学习，于是他的成绩越来越好。

老师和我们说了这件事，表扬孩子有自我思考能力，很强大。

虽然我也为孩子的决定高兴，但总觉得还应该再做些什么，却不知道该做什么，怎么办？

方刚回复：

分析

1. 老师已经处理得很好了，不仅正确处理了青春期的恋爱困扰，还将同性恋与异性恋一样对待，没有把同性恋当作"不一样"来处理。

2. 孩子也非常出色，可以正视并接纳自己的真实情感，在增能赋权之后做出了自己认为最正确的选择。

建议

1. 青春期孩子的父母，一个需要学习的功课就是：在该退出孩子的生活时退出。此事件中，老师和孩子的处理都非常好，也看到了积极的正向成果。家长应该相信孩子已经能够处理好自己的事情了，可以放心地不介入了，特别是在如果不确定如何更好介入的情况下。

2. 如果孩子愿意和家长交流，家长应该对孩子表示肯定和欣赏，鼓励他继续做自己，为自己的人生负责，继续以积极和健康的态度处理情感。

3. 如果家长内心对同性恋、中学生恋爱有顾虑，可以参考本书中这两个部分的其他答问。

6 同性恋的儿子又喜欢女生了

家长咨询：

我儿子读高一，自认为是同性恋，向我们坦白了，我们也接纳了他。他有男朋友，男友是他的同班同学，经常到家里一起玩。

但是，儿子又和我说，对一个女生好像特别有好感，甚至梦到和她做爱。他说，自己想找医生"扭转"成为异性恋，不想当同性恋了。

作为家长，我们应该怎么帮助他？

方刚回复：

`分析`

父母能如此接纳孩子，非常了不起。

`建议`

1.告诉孩子：青春期属于性倾向的探索期，不要急于给自己贴标签。身份认同是通过一些事件探索的结果，有的人甚至终其一生都在探索自身的性取向。

2."不想当同性恋了"，是基于什么原因？是因为感受到了同性恋的压力？还是因为和现男友的情感出现问题？或者单纯是因为喜欢上了女同学？学术界普遍认为：性倾向是无法通过"治疗"改变的。如果是因为压力，要学习应对压力，去除"恐同"文化的影响；如果是因为和男友的感情出现了问题，要相信还会有互爱的人在前面。

3.孩子现在已经喜欢上女同学了，说明孩子可能处于情感探索期。性倾向在自我探索的过程中可能出现改变，或者对自己的性倾向重新认识了，我们只要尊重自己内心的声音就好了。在探索期，禁止贴标签，爱谁是谁，管 TA 什么性别呢。

4.和孩子讨论：是不再喜欢现在的男友了吗？如果不喜欢了，要先和他说分手，处理好两人的关系。如果还没有分手，就先和那个女生开始一份爱情，可能会让现男友受伤害。身为同性恋，原本就是社会弱势群体，我们要尽力不再伤害彼此。

性爱、怀孕

引言

虽然有过性行为的青少年，只占很少数，但有调查显示，这个比例在不断增长中，而且平均首次性交年龄越来越小。

国际上对不同性教育流派的研究显示，在"规训"式的性教育，禁止、惩罚、恐吓为主体的性教育和简单地"禁止青少年性交"的性教育方式中，青少年发生性行为的年龄更小，在同龄群体中的比例更高。

而中国绝大多数家长和学校，开展的就是上述三种性教育，有性行为的青少年比例上升，也就不足为奇了。

赋权型性教育不去简单地规定一个"可以性交"的年龄标准，因为那就是"规训"，而且通常不会成功。我们致力于培养青少年在性的问题上做出"自主、健康、责任"的选择的能力。我们相信，当青少年真正能够做出对自己和他人负责任的行为选择的时候，过早的、有害的性行为就会减少。

在全面的、赋权的性教育下，青少年更可能避免意外怀孕，在意外怀孕后也更可能做出健康、安全的处理。

这也是被国际性教育经验屡屡证实的。

1　12 岁儿子和女同学相约做爱

家长咨询：

我想咨询我儿子的事，他 12 岁。

我的儿子一直挺听话，成绩也很好，还是学校大队委。但从今年开始，特别是春季开学后，成绩下滑。

我昨天晚上发现他在手机里与一个女同学联系很多，不是一个班的，他们互相发私密部位的照片，并且微信里提到了色情网站。

他们说的话非常下流，还约了放假要一起做爱，幻想着描述了二人做爱的样子。

他才 12 岁呀！我都要疯了。该怎么办？

方刚回复：

分析

许多家长一直以为孩子还小，在性上"什么都不懂"，意外发现原来不是这样的时候，便都会有这种"要疯了"的状态。所以，重点还是家长的价值观。

建议

1. 理解您的焦虑，毕竟父母都深爱着自己的孩子，希望孩子能健康快乐成长。然而，您的焦虑情绪不但不能帮助孩子，如果父母做出极端行为，还可能影响亲子关系。建议您先稳定情绪，保持冷静，学习与性教育相关的知识，让自己的价值观与科学的性教育理念接轨，待到具备与孩子沟通及进行性教育的能力时，再逐一和孩子讨论相关问题。

2. 12 岁的孩子通常已经进入青春期了。青春期孩子关注性问题，和某个女生有暧昧关系、聊性、发私密照片，甚至幻想做爱等在现在的青春期孩子当中并不罕见。您可能一直觉得自己的孩子"什么都不懂"，突然发现这些，才非常震惊。从好的一面看，您现在开始了解孩子真实的生活和心理了，这是好事。而且，这也是孩子长大的一种信号。更需要注意的是，家长要学习，要适应、接纳孩子已经长大这件事，不能总是以小时候的"要听话"的标准来要求已经长大的、有很强自我意识的青春期孩子。

3. 关于"发私密照片"，说"下流的话"，要提醒孩子：勉强别人的事情都是不应该做的。比如，女生不想与你互发私密照片，还勉强别人一定要这么做，那就是性骚扰；那些"下流的话"，如果对方不喜欢听，你还发，也是性骚扰。如果都是彼此愿意的，也要注意网络安全。万一这些内容被女生父母或其他同学、老师看到或知道，别人会怎么想？会给你带来什么风险？

4. 相约做爱，可能只是孩子们的性幻想，"打嘴炮"，也不排除真实行动的可能。家长要清楚地和孩子分享赋权型性教育的三原则：自主、健康、责任，三者缺一不可。比如，太小年龄的性爱对健康的潜在风险比较大，一些孩子的卫生和健康管控意识可能会差一些，从而引发感染和炎症等风险，而且他们也无法承担性爱带来的相关责任和后果。

5. 对于色情网站，要帮孩子理解色情品是娱乐品，色情品里的男人和女人不是现实生活中的男人和女人，千万不要把色情内容当成自己的"行为指导"。不能以色情品的视角理解真实的男性和女性，里边的内容也以表演为主，我们不应该模仿。同时说明："当然，这也只是我们通过学习和经验得来的，分享给你，也尊重你经过深思熟虑的选择与决定。"

6. 孩子的学习成绩下滑，和他"聊性""看性"并没有必然的关系。建议尊重孩子，从帮助他更好地面对青春期性困惑与性冲动做起，也要培养处理情感问题的能力。

2 女儿的同学不是"处女"了

家长咨询：

我女儿今年读初三，有天回家说："妈妈，我们班有两个女生和我说，她们已经不是处女了。"

我一时愣了，不知道该说什么好。

方刚回复：

分析

母亲感觉尴尬，是因为"处女"的话题涉及性，而她还没准备好如何与女儿谈性，如何引导女儿的价值观。

建议

1. 借机开展性教育。女儿愿意主动和母亲交流同学间关于性的话题，既可以帮助母亲了解女儿及其同伴的想法，又是进行性教育的好时机，这是好事。但家长现在的反应，体现了性教育能力的不足和性价值观的不成熟。要做好孩子的性教育，家长调整价值观和学习科学的性教育是第一步。

2. 母亲可以问女儿：你认为什么是处女？那两个女同学有没有说她们为何不是处女了？你对她们的做法和处境怎么看？和女儿讨论"处女"的定义，进而引申到性的价值观。这个过程中，家长要自然、坦然，认真地倾听孩子的看法，尊重孩子对这些事情的表达，不评判、不规训。最终的目的，是鼓励孩子做对自己和他人负责任的选择。

3. 介绍青春期女孩子的身体变化及关于阴道瓣（处女膜）的基本知识；让孩子懂得"贞女""处女"是旧社会观念的产物，是对女孩子的戕害和扭曲。当然，打破对女性的"处女膜"束缚，并不等于鼓励破坏掉自己的阴道瓣，而是我们不要因为扭曲落后的观念而受到伤害。了解这些知识，我们在任何时候都有力量应对不公正的事情。

4. 还可以对孩子说：同学愿意告诉你她们的事情，你也可以分享给她们一些知识，比如，如果发生了性行为，要遵守"自主、健康、责任"的原则，学会正确地使用安全套，注意隐私部位的清洁，定期体检，等等。知识让我们更有能力应对生活事件。

5. 家长可建议学校老师开展性教育，帮学生增能赋权，理解赋权型性教育倡导的"自主、健康、责任"的性爱原则，获得对自己和他人做出负责任选择的能力。

3 女儿到男友家里过夜

家长咨询：

女儿喜欢上同班一个男生，两人热恋无法自拔，并且还在男生家留宿。

我们拦着不让她去约会，拦不住。对这样完全管不了的孩子，我们怎么办？

方刚回复：

分析

青春期孩子与父母的冲突是常见的，但不顾父母阻拦，执意去男友家过夜，这"叛逆"得有些"剧烈"了。这样的冲突背后，亲子关系一定有更深层的矛盾，不单是性教育的问题了。此事暴露出原生家庭中存在的很多问题。许多时候，我们会说：如果孩子有问题，一定是父母的问题。孩子表现出的问题是家庭问题的表征，根源往往在家长和家庭关系上。

建议

1. 已经确信"管不了"，就先别"管"了吧。强硬的干预可能在短时间内引发亲子间更大的冲突和矛盾的激化。父母先认真反思一下，自己和孩子的整体关系，除了在性教育的方面，是否在其他方面也存在剧烈的冲突？这些冲突通常因何而起？父母和孩子的互动方式是怎样的？

当然，普通的父母很难做到客观地看待自己和孩子的关系，建议寻求专业人士的帮助。

2. 父母应该考虑给孩子一些支持，表示对她的理解，不要总是谴责她。阻拦不了女儿的"性需求"，可以给她一些帮助，比如提示安全措施，尽量避免怀孕。

3. 父母和孩子减少对抗，尊重她，给她温暖，这样她遇到大挫折的时候，还会向父母求助。否则，如果父母强烈谴责，再遇到和男友分手、怀孕等情况，孩子真有可能会绝望的。

4 女儿发生性关系，我认为她是"假性自愿"

家长咨询：

我女儿 13 岁，我们发现她和一个外地的男孩子网恋。

暑假，男孩应女儿之约，到我们城市的一家宾馆开房，还应我女儿的要求带去情趣用品，一天做爱 4 次。

我们发现后，当天晚上 6 点，找到酒店，报警。男孩 17 岁，被判强奸罪，法医鉴定女儿处女膜为陈旧性破裂。

现在女儿非常责怪我们，和我们闹矛盾。

她说她是自愿的，但我们认为她是"假性自愿"，是被诱导的，受伤害了，以后会后悔的。

请问如何避免孩子们"假性自愿"？

方刚回复：

分析

在法律上，与未满 14 岁的幼女发生性关系，即使幼女自愿，也一律算强奸。所以，这起事件的处理结果在意料之中。但法律难免滞后于社会现实，几年前有一个案例：一个未满 14 岁的女孩谎称自己已经 18 岁，和许多男人约会，发生性关系，对方都不知道她的真实年龄。

建议

1. 理解父母的做法，但这显然是违背女儿意愿的，对女儿的情感和心理已经造成伤害了。女儿现在责怪父母，在情理之中。做父母的，通常想把自己认为"好"的生活给儿女，却忽视了对儿女自我意愿的尊重。

2. 所谓"假性自愿"，是一个伪概念。只存在是否对后果知情同意的自愿，以及无知的自愿。性教育的目的在于清楚地让青少年知道性的意义、性意味着什么、性的后果、性的自主选择可能性等。在这些都清楚的情况下，仍然"被诱导"地选择发生性关系，那就是她当时的选择。即使事后可能后悔，也应该尊重她作为一个独立个体当时的选择，这不仅只在性的领域。成年人的选择，也未必事后不后悔。所以，不要否认女儿的选择权，而应该致力于对女儿进行性教育。在此之前，家长有一项重要的功课要学习，就是学会尊重孩子，充分地、真正地尊重。如果家长现在还认为要避免孩子"假性自愿"，而不是如何在不伤害孩子的前提下促进成长，那家长还需要走的路实在太长了。

3. 如果时间能够倒流，退回到父母找到宾馆、报警之前，我会建议父母：坐下来，等女儿回来，听听她的声音，你们将找到更好地保护女儿、呵护女儿、爱女儿的方式。可惜，时间无法倒流。

4. 父母现在应该关注的，是疗愈女儿的心理创伤，特别是修复亲子关系，而不应该是管控女儿的性行为，更不是对她进行惩罚。家长一定要学习，学习科学的性教育，学习如何倾听孩子的感受，让孩子有机会说出自己的话。家长不要把孩子推得离自己更远。要在可能泄露信息的环节保守秘密，比如亲友之间、孩子的学校等，避免让孩子变得更加孤立无援。

5　我该没收儿子的安全套吗？

家长咨询：

我儿子读高二，快 17 岁了。近半年我发现他"早恋"了，对象是同校同年级的一个女生。前段时间我无意中发现他藏了几盒安全套，且其中一盒少了几只。我很震惊也很恐惧，找他深谈了如何对待"早恋"、越过红线后会发生的后果，他表示能够知晓并会处理好。关于安全套，他说是别人放他这儿的，他没做。那次我没有没收他的安全套，让他自己处理掉。昨天我发现安全套还在他的包里，而且又少了几只。我又很冷静地和他深谈了"早恋"的底线问题，这次我没收了他的安全套。他没有意见。

我不知道该不该没收他的安全套。不收吧，怕他们再发生关系；收了，又怕女孩怀孕。作为父母，我们对这事整天提心吊胆的。

方刚回复：

分析

父母所谓"红线""恋爱的底线"，从上下文推测看，应该是指不能发生性关系。父母的要求，与孩子的想法之间，可能有很大的距离，父母并没有准备认真听取孩子的声音，而只是想自己划定"红线"和"底线"让孩子接受，不去理解孩子不接受的态度。

建议

1. 我们姑且推测孩子已经发生了性关系，这虽然是很多家长不希望看到的，但对于生理发育成熟、充满性渴望的青春期孩子来说，是不难理解的。

2. 当然不应该没收安全套。没有安全套，并不会阻止孩子发生性关系，只会推动孩子发生无保护的性行为，相信这并不是家长的初衷。如果孩子的安全意识足够好，没收了也会再买，所以，没收其实没有实际的作用。没收的行为只是告诉孩子：父母不支持你的性探索。这样的话，当孩子遇到问题的时候就不会向父母求助了。所以没收就是阻断孩子向家长求助的路径，扩大双方的距离，并不能起到让孩子中止性的探索的作用。

3. 如果他们已经有性关系了，想阻止这事儿不再继续发生，几乎是不可能的。这时的重点应该是引导孩子发生"自主、健康、责任"的性行为。儿子已经有了安全套,这说明他是有避孕意识的,这是好事,家长应该感到高兴和放心。

4. 父母表达了自己的担心,孩子承诺"知晓并会处理好",就应该相信他。至于"处理好"的方式,要尊重孩子自己的选择。您不尊重他们的选择也没有用,他们仍然会按自己的方式选择。所以,对于青春期孩子的父母来说,增能之后,便要把决定权交给孩子们了。父母试图让孩子按父母的意愿做,是不切实际的,也不是充分尊重青春期孩子的态度。

5. 如果是我,我会先赞赏孩子使用安全套的意识,然后再提示青春期性爱的各种风险,最终表示:"我相信你会处理好的,如果未来遇到麻烦需要帮助,请一定告诉爸妈!"我真的相信他会处理好,不再过问此事,只是在孩子需要帮助的时候,及时出现在他的身边。

6　性是她反抗父母的手段

家长咨询:

我女儿 17 岁,性欲特别强,她在家总是自慰。

她在家几乎每晚都裸睡,自慰,喜欢光着身子在家走来走去,都不避讳爸爸,我说了多次后好一些。

这孩子整天在网上找那种淫秽群,说很多有关性交的话。她在的

QQ 群名称是"妓院"，人员都是妓女嫖客一类。

她无心学习，之前差点被学校开除，现在降级高一，估计也很难读下来。

我和她爸爸很痛苦，也无奈，之前过于控制，这两年完全管不了了。

她常偷钱，然后乱花。她还经常夜不归宿，不知道在外面有没有性生活。

我考虑给她买自慰用品，这样她也许晚上就不出去了。

方刚回复：

分析

1. 可以看出家庭中的亲子关系非常糟糕，父母先是"过于控制"，孩子将性作为一种反抗父母压迫的手段。父母控制无效、失败，又没有新的有效办法应对。

2. 孩子正面对千疮百孔的人生，父母的责任非常大。

建议

1. 请精神科医生对女孩子的情况进行诊疗，然后根据医生的建议给孩子进一步的专业帮助。

2. 父母学习改善亲子关系，学习如何正确与青春期孩子交流。但这不是短期可以学会的，可以考虑让孩子与有能力帮助她的人一起生活，父母退出她的生活。

3. 禁止女孩子晚上出门、上网交友，已经不可能了，只能是与女孩子分享如何更好地保护自己，比如如何在性交中正确使用安全套，避免意外怀孕和感染疾病。

4. 买自慰器具等解决不了根本问题，但可以释放父母愿意积极面对女儿、关心她的生活的信号，也是一种交流，只是不要说"你以后晚上不要出去了"这类话了。

5. 学业已经不重要了，鼓励孩子发现自己的兴趣所在，找到她的闪光点，激发其正面价值感，帮助她规划人生，制定目标和努力改变。目的在于让孩子能够过上自食其力的生活，陪伴孩子完成过渡。

6. 等孩子有咨询的意愿了，再进行心理辅导。

7　女儿的同学怀孕了，我怎么引导？

家长咨询：

我女儿读高中，学校有一个 17 岁女生怀孕了，在学校生出孩子，校长对同学们说："这学生不是我们学校的，是从校外跑进来生的。"

女儿回来说，这位女同学知道自己怀孕了，是她自己想生孩子的，所以想尽一切办法瞒过了父母。现在孩子生出来了，她的妈妈坚持要让男生家长赔钱，还要她和那个男生结婚，要让男生家长负责。

学校已经将两个学生都开除了。

坦白地说，女儿和我说这些，我都晕了，觉得该引导她一下，但不知从何说起。

方刚回复：

分析

借助孩子们生活中的事例进行性教育，是非常自然、生动的性教育方法。这个案例中的信息量很大，不仅是进行性教育的机会，也是引导孩子价值观全面成长的机会。但是，我们要谨防变为恐吓式的教育。

建议

1.先问问孩子对这件事的看法、感受，再根据孩子的看法进行讨论，有几个点可以注意一下：17岁生育、辍学，对自己人生的影响；讨论安全的性爱。也可以问孩子：你觉得这位女同学是怎么考虑的？你对她这样的考虑有一些什么想法？讨论的过程是平等分享想法的过程，不是父母借机"规训"孩子的过程。我们相信每个孩子都是向往美好人生的，所以要相信他们自己的认知与思考。

2.和女儿讨论女同学父母的做法：要求男生赔钱、逼女儿和男生结婚，背后的动机是什么？是否真的有助于女儿一生的幸福？如果是您，您觉得女同学父母正确的做法是什么？比如，可以是接纳孩子，体会孩子受伤的感情。

3.和女儿讨论学校的做法：明明大家都知道是本校同学，却碍于面子或规避责任，声称"不是我们学校的"，这种做法有何利弊？它对学生起了什么样的导向？两个正读书的学生被开除了，他们的学习生涯可能就此结束了，他们的一生都受影响了，这样的处理方式是否对学生不负责？女生原本是受害者，为什么反而成了被惩处的？学校为什么对学生的性关系如此恐惧和憎恶，以至于非要把他们开除呢？甚至可以和孩子进一步讨论一个假设：学校担心在性上"不守规矩"的青少年，可能会"毒害"其他的同学，所以要开除才能保护其他学生的"纯贞"。姑且不说这样的努力是否会有效，这努力本身就是对当事学生极大的伤害。在性上"有过错"的青少年，不是不可以"挽救"的，不是应该被抛弃的。

4.思考学校在女生怀孕、生育这件事上有什么责任。学校应该首先检讨自己性教育的失败，而不是处分学生。

5.和女儿讨论：针对此事件，我们可以做些什么？比如，推动学校的性教育，进行同伴性教育，支持那个女同学，等等。一些具体的讨论话题可以包括：这件事情已经发生了，你感觉女同学应该怎样规划接下来的人生才对自己更负责？如果你是她，你会怎么做？站在男孩的视角上，你感觉男孩子在这件事发生后可以怎么做？

近亲间的亲密

引言

近亲间的性禁忌是一个古老的话题，也因此，有时我们会杯弓蛇影，将原本很自然的亲属间的接触，向"性"的敏感方向推测。这就难免会影响正常的亲子关系。

另一方面，近亲间的性骚扰和性侵犯更容易实施，而受害人基于各种压力，往往缺少力量抗拒暴力和寻找帮助。

针对未成年人的性教育，是避免他们受到性骚扰和性侵犯的最重要和最有效的手段。

1 儿子拉我摸他阴部，怎么办？

家长咨询：

我儿子 10 岁，有时候会扯我的手放在他的隐私部位，夹紧腿。

我说："妈妈不喜欢这样做。"我把手抽走，他又笑着把我手拉过去，我恼了，会真的捏他阴茎，他一边疼得嗷嗷叫，一边又乐此不疲地玩。咋办?

方刚回复：

分析

1. 这是孩子拉着妈妈玩性游戏，在这个性游戏的过程中，孩子通过让妈妈接触到自己的性器官，达到了身体和心理的愉悦。

2. 妈妈拒绝儿子拉自己手摸阴部的做法是对的，但是，捏孩子阴茎的做法是错误的，可能鼓励了孩子的行为。

建议

1. 您拒绝他的这个要求，做得很对。孩子快进入青春期了，他应该懂得身体的界线。身体界线的教育有助于孩子树立科学的身体权意识，知道如何保护自己的边界，如何尊重别人的边界。告诉孩子："隐私部位不能让别人随便摸，你现在的做法是没有保护好自己隐私部位的行为，是需要学习和调整的。现在妈妈分享了这个知识给你，你要慢慢学会与自己的隐私部位做好朋友，保护自己隐私部位的权益。"

2. 再告诉孩子：你小时候不会自己洗澡、上厕所，妈妈和其他家里人给了你很多帮助，妈妈确实看到和碰到过你的隐私部位，那个时候是为了更好地帮助你。现在你长大了，即使是妈妈也不能随便看和摸你的隐私部位。同样，妈妈也有保护和决定如何使用自己身体部位的责任。你现在让妈妈摸你的隐私部位，妈妈非常不舒服，妈妈拒绝了，你还拉着妈妈摸，妈妈觉得非常难受，觉得没有被尊重。妈妈要很正式地告诉你：我不喜欢，你不能再这样做了。你再这样做，就是在侵犯妈妈的身体权了。妈妈希望你尊重妈妈。

3. 为什么孩子会有这样的要求？是以前有过类似行为时您不知道如何拒绝，或者以嬉笑的方式拒绝？这些都可能给孩子一种错觉：妈妈是同意摸的。所以，您拒绝的时候保持严肃的态度非常重要。而且，这态度要保持一贯性，不能今天严厉，明天嬉闹，甚至勉为其难地同意了。这样，就会给孩子混乱的信息，无法成为稳定的行为参考。

4. 您"恼了"的时候"真的捏他阴茎"，也是不对的。因为，这样做正好达到了他希望您触碰他身体的目的，等于让他得逞了。同时也打破了你一开始拒绝的边界。所以，言行前后要一致，不要让孩子误解为妈妈只是假装生气。如果形成了他拉您手、您捏他阴茎的模式，就更难以改变了。所以，您应该保持坚决、清楚、严厉的拒绝态度。

5. 换个角度看，这是孩子想与亲密的家人进行的性游戏，这样的游戏是否在学校或其他环境里发生过？需要询问孩子，并告诉孩子怎样保护自己的隐私部位，以及与身体接触相关的事情应该如何处理，如果别人随便摸自己要及时告诉家长。

2 初二男生裸体不回避母亲

家长咨询：

儿子读初二了，但洗完澡经常在我（母亲）面前光着身体，这会不会是一个问题？

我应该怎样面对孩子这样的行为？

方刚回复：

分析

孩子很可能是自然的生活状态，比如，从浴室洗完澡回房间这几米路，就不特意穿衣服了。

建议

1. 妈妈先判断一下孩子是否属于自然的裸体，比如，从浴室回到房间换衣服的时候；还是很刻意的裸体，比如，只有妈妈在时才裸体，爸爸或其他家庭成员在时不裸体，而且特意在妈妈面前晃来晃去的。

2. 如果是很自然的，说明孩子是还没有回避母亲的意识，您感觉不舒服了可以进一步沟通。即使是孩子刻意而为，母亲也不必过于焦虑，这可能是青春期时的性萌动，给孩子提供全面的、科学的性教育就好了。

3. 无论哪种情况，妈妈觉得不舒服了，都可以直截了当地告诉儿子：你已经长大了，以后对自己的言行要考虑得全面一些，行为举止要学会成熟。注意自己身体隐私的保护和顾及他人的感受，都是一种能力的体现，妈妈希望你在家里也能保护好自己的隐私，同时考虑家人的感受。

4. 额外的建议，可以给孩子买一条大浴巾或一件浴衣，告诉他："下次洗完澡围上（或穿上）再出来。"

3　儿子出门前总和妈妈拥抱

家长咨询：

我是一个高中男孩的爸爸。

孩子妈妈规定，孩子出门前必须和妈妈抱一下。这规定的执行从小学持续到现在。

我觉得孩子大了，这样不好。但是，妈妈说我想多了。

这样做，真的可以吗？

方刚回复：

分析

孩子和父母拥抱，是表达亲密情感的方式，无论与同性家长，还是与异性家长，都是好事。

建议

1. 妈妈的规定，是一种表达亲密情感的"仪式"，增进着彼此的亲密关系，从小到大这样做，很自然，应该尊重他们之间表达爱的仪式感。

2. 进入青春期后，有些孩子会比较害羞，所以要看看儿子的反应，听听儿子的想法，如果他也觉得没问题，那就没问题。

3. 父亲要反思自己为什么担心，焦虑的是什么。另外，父亲也可以加入这个仪式，去拥抱孩子，亲自感受一下。

4　儿子总想和我黏在一起

家长咨询：

我是孩子妈妈，我带儿子参加过方老师的青春期性教育夏令营。

儿子上初一了，开始住校。

周末见面的时候，儿子总是要拉着我的手，或抱着我不放，就是那种黏在身上的感觉。

方老师在夏令营里说了，父母与孩子的相处方式，应该让双方都舒服。

我现在感觉特别别扭，特别不舒服，不知道该如何引导儿子。

方刚回复：

分析

确实需要尊重每个人的身体权，但也要反思"不舒服"背后的原因。

建议

1. 儿子刚住校，周末回家时愿意和妈妈相处，依恋妈妈，可能是太想念妈妈了，不是什么坏事情。

2. 妈妈潜意识中可能有"乱伦焦虑"，其实不必如此敏感。如果孩子在读幼儿园、读小学，妈妈显然不会因为孩子的这些举动焦虑。有的孩子较早表现出青春期与父母"疏远"的特点，但也有的孩子很晚才表现出来，都是正常的。

3. 家长也可以了解孩子近期在学校是否有什么压力事件。因为也存在压力事件使孩子更渴望从父母这里得到安慰的可能性。

4. 去除不必要的焦虑之后，如果妈妈仍然对儿子的亲昵举动感到不舒服，也要尊重妈妈的感受。妈妈既可以不动声色地调整身体，自然而然地改变与孩子接触的方式，也可以直接告诉孩子自己不舒服，不喜欢这样。不论选择哪种做法，都应以不伤害孩子感情为前提 。

5 女儿想和爸爸亲密

家长咨询：

我是单亲爸爸，我女儿 17 岁，读高三。

我们父女关系非常亲密。

我是个医生，女儿高一军训时外阴发炎，我怕她受性侵，给她检查身体，发现处女膜完整，给女儿上了关于处女膜的守贞课。

近两年，女儿一直和我同床同衾。她从小到大，都经常和我亲吻，但最近一次我情不自禁地主动舌吻了她，我感觉到她有了生理反应。那天晚上，她躺在我旁边自慰。我认识到自己的错，向她道歉，与她分床睡了，平时回避和她的身体接触，也不再吻她。

但是女儿很不高兴，说我刻意保持距离，让她非常不习惯，心神不宁的，几次表示想回到以前的亲密状态。

我该怎么办好呢？

方刚回复：

分析

孩子和父母的正常关系，是在成长过程中一点点自然地建立起来的。这位爸爸前期和女儿相处有所不妥，甚至有"舌吻"之类的越轨举动，导致女儿现在分离困难。爸爸迷途知返，也应该以肯定为主。

建议

1. 父母与孩子的亲密行为，如亲吻、同床等，通常是没有什么问题的。但舌吻，具有撩拨情欲的作用，实属不应该。17 岁的孩子，对父亲过于依恋，则应该避免了。像外阴发炎的检查，作为医生的爸爸从小照顾女儿，可能习惯了，也没有边界意识，现在孩子大了，如果有检查尽量带孩子去医院，有助于边界建立。

2. 父亲感觉与孩子亲吻、同床，不舒服了，想与孩子保持一定距离，是正确选择。但是，必须与孩子好好沟通。否则不仅不能帮助孩子，反而会给孩子带来心理负担,使孩子心神不宁。鼓励父亲和女儿好好地沟通一次,表明双方的感受。父亲应该清楚地告诉孩子:这样做是为了你的健康成长,不等于爸爸不爱你了;为了你未来的幸福,应该和爸爸有一种健康的关系。

3. 父亲对女儿进行守贞教育,是不好的。守贞教育其实是性别不平等的教育,它是男权社会的产物,对女性不公平。因为女性会被用处女膜的完整与否来评判,而男性没有。更何况处女膜不会只因为性交才破裂。而且,现在医学界更倾向于使用"阴道瓣"这一术语。好的性教育,应该是让孩子学会对自己负责、对他人负责的性教育。

4. 爸爸应该开始自己新的情感生活了,去找适合自己的恋人,谈一场恋爱。女儿马上成年,也应该引导她提升自己与同伴交往的能力,找到适合自己的释放性压力和情感需求的途径。

6　哥哥性骚扰了亲妹妹

家长咨询:

我是两个孩子的妈妈,儿子15岁,女儿5岁,在我和爸爸没在家的时候,儿子给妹妹看黄片,还让妹妹用舌头舔他下体跟屁股。

儿子休学在家两年,两年里每天都只是穿条内裤在我们面前晃悠,跟他说过,尊重一下妈妈跟妹妹,他嘴巴上答应,实际上并没有做。我们说了两三次后就没说了。

有一天从女儿口中得知了这件事，我不敢相信自己的耳朵，一度以为自己听错了，再三跟女儿确认。女儿还模仿了那时候儿子的动作，还让我把裤子脱了。

我和老公说，他一开始也不信，又问了女儿一遍。

那天晚上女儿就没睡好，半夜哭闹。回想以前，女儿很害怕哥哥，我们就跟她说：不要害怕，他是哥哥，哥哥是爱你的……

在这件事上，我该怎么说，才能减少对女儿的影响？

面对儿子，我很害怕，他再去抱女儿，我应该不让他抱了，我是否应该阻止他这样做？

方刚回复：

分析

1. 哥哥对妹妹的行为是性骚扰。关于兄弟姐妹间的性游戏，学术界通常认为：双方都未满 15 岁，并且两人相差年龄小于 5 岁，两人都自愿，没有反感和被强迫。那么在此案例中，兄妹相差 10 岁了，哥哥控制妹妹的性质明显。

2. 如果是外人性骚扰女儿，父母一定报警。现在父母最大的难题是，既要保护妹妹不受伤害，但又不忍心让哥哥去接受法律惩罚。于是，只能在家庭内部解决。

建议

1. 最重要的是，不要给女儿留下太重的心理创伤。所以，建议爸爸妈妈在女儿面前淡化这件事。妈妈反复确认，爸爸又再三问，在这个过程中，女儿已经感觉到自己经历了一件非常严重的事件，所以才会"没睡好，半夜哭闹"。向女儿解释爸爸妈妈反复问的原因，比如：一方面怕她小，说不清楚；另一方面，也担心有没说明白的地方，冤枉了哥哥。告诉孩子："爸爸妈妈永远相信你，爱你，愿意帮助你。"沟通的时候，还要采取坦然、自然的态度，有时候一件事情带来的伤害来自后续对这件事的解读，所以家长沟通和处理的态度也至关重要。

2. 给女儿讲解身体权、私密部位这些概念。别人的私密部位，让你碰也不能碰；你的私密部位，非必要（医生检查、爸妈帮助清洗等）也不能触碰。如果有人提出违背这些规则的要求，你要说"不"。

3. 这件事是哥哥的错，他诱导你做的，你还小，不懂得这个道理，没有任何过错。你不需要自责。哥哥犯了错误，爸爸妈妈会批评哥哥，让他以后不再侵犯你的身体权。只要他彻底改正了，还是好哥哥。

4. 认真与哥哥谈谈。青春期，性冲动，孩子有时会控制不住自己犯错误，是可以理解的。但是，这个错误的性质非常严重，性骚扰了自己的亲妹妹。妹妹是自己的家人，家人是用来爱的，不是用来伤害的。必须向妹妹道歉，并且保证今后绝对不再发生此类事件，给予妹妹更多关爱以弥补伤害。

5. 要帮助哥哥规划人生。发生了什么，以至于休学两年？如果不能重返校园，一直在家里闲待着也不是事儿。发现哥哥自身的优势，找到他的闪光点，帮他设计好未来的生活。

6. 父母要认真反思一下亲子关系，是否有疏忽哥哥的地方，让哥哥觉得父母对妹妹偏袒。

7. 发生了这件事，妹妹已经"害怕哥哥"了，说明她内心有阴影，至少在短期内，哥哥确实应该避免在肢体上接触妹妹，以免触发妹妹心底的恐惧。除此之外，仍然鼓励兄妹自然交往，鼓励哥哥真正关爱妹妹，逐渐修复二人关系。毕竟是骨肉亲情，不应该因为年少时的这起糊涂事而影响未来的关系。

7 男生问姑姑隐私问题

家长咨询：

我是一个 18 岁男孩的家长，孩子读高二。

我们生活在北京，孩子上高中时只能回原籍就读，在老家，孩子的姑姑照顾他。

最近出现一件让我们惊慌的事情，有次洗澡时，他让姑姑给他搓搓背，姑姑也没多想，认为他是亲侄子，而且孩子也遮挡了隐私部位，所以就给他搓了。但搓的时候，他问姑姑："如果我姑父憋了（指男性性冲动），怎么解决？"那之后，姑姑就拒绝给他搓背了。

还有一次，他姑姑有事就让一位离异女性朋友中午到家给他做饭，结果他又问："阿姨，你离婚几年了？"她答道："五年了。"儿子又问："那你的生理问题怎么解决？"

他姑姑和我们说的时候，我们也很担心，是不是孩子心理有问题了？

因为孩子出现的这个问题，我们已回原籍处理，但不知道怎么跟孩子沟通合适，所以还没有和孩子说这事，处于着急阶段。

方刚回复：

`分析`

1. 孩子这样的言语和行为，有两个可能：一种可能是对性充满好奇，但不知道言语的伦理边界；另一种可能是有意对姑姑和阿姨进行性勾引。

2. 在家庭内部应该有一个大胆谈性的性教育氛围，但是，18 岁的孩子，应该有能力把握好边界，大胆谈性不能让别人感觉被冒犯。

`建议`

1. 应该和孩子直截了当地谈姑姑和阿姨的事件，告诉他：无论怎样，他说那些话都让姑姑和阿姨很不舒服，因为那些问题侵犯了姑姑及阿姨的隐私权，每个人都有隐私，以后不要再问这类问题了。

2. 告诉孩子：可能因为他对性十分好奇，很想知道成年人如何解决性问题，才问那些问题的。但是，和别人交流时，要注意讲话边界，像那样问别人的隐私，就可能构成性骚扰。告诉他对自己的行为和言语表达要有清晰的认知，这也有利于他以后和其他人的交往。

3. 和孩子分享：我们每个人都会有性冲动，有了性冲动可以和伴侣通过做爱缓解，没有性伴侣可以通过自慰解决。有性冲动时，如果对他人言行失当，对自己、对他人，都是不尊重的。

4. 和孩子讨论色情品。因为有的孩子看过色情品之后，性观念可能被误导，出现上述行为。告诉孩子：色情品中"人人都很随便，随时等着性爱"的模式，并不是现实生活中人们的状态。把色情品中的交往模式搬到生活中，是非常危险的。

5. 了解孩子平时的生活，上学之外还有什么社交活动。有一些高中生，专门在网上约中年女性发生性关系。父母不直接假定，也不干涉他的生活，但要和他认真地分享性的三原则：自主、健康、责任。鼓励他在这个三原则基础上建立自己的亲密关系。

6. 3—5 三条，是针对孩子的言行可能是"性勾引"设置的。父母应该意识到，自己没有和孩子生活在一起，和孩子的生活疏离，可能真的不清楚孩子的性探索到了什么境界。而且孩子已经 18 岁了，简单的禁止与约束可能没有用了，只能因势利导。未来尽可能和孩子生活在一起，至少平时要多关注孩子。

8 18 岁男孩摸了表妹的阴部

家长咨询：

我有一个女儿，才 4 岁。

我哥哥的儿子，今年 18 岁了，他还没懂事的时候，父母就离异了，奶奶带他长大。

这孩子平时就疏于管教，学习成绩差，性格比较怪，做错事情什么的都是找借口不承认。

前几天，我和女儿聊天的时候，女儿说，哥哥摸了她下体。

我很震惊，但想想他平时的表现，发生这事也不意外。

我该怎么办呢？

方刚回复：

分析

孩子被亲密家人性骚扰了，家长有时会很无措，通常轻描淡写地让事情过去。但这样做，对两个孩子都是不负责任的。

建议

1. 对女儿进行性教育：哥哥的做法是错误的，侵犯了你。同时给女儿讲解身体权的知识，让女儿懂得遇到类似问题的时候可以拒绝，并且告诉父母。

2. 告诉女儿：虽然哥哥做了错事，但你没有做错什么，你还是原来的你，一切都没有改变。避免女儿因受性骚扰留下心理阴影和创伤。

3. 男孩的行为属于性骚扰，要清楚、明确地批评他、警告他。同时，让他给您女儿道歉。

4. 和男孩的父亲交流，更多关心孩子，同时让男孩接受必要的性教育。男孩 18 岁了，已经成年，需要有更多的责任意识，为自己的行为负责，为自己的未来做规划。

本书中的咨询案例，都是我在性教育工作中接触到的家长咨询，包括"猫头鹰性教育热线"（微信号 fgxjyrx）的咨询。收入本书时，均做了背景的处理，以保障当事人的隐私不被泄露。

一些案例，被我用作赋权型性教育中级讲师的考核题，还有一些案例做了"猫头鹰性教育热线"预备咨询师的考核题，少数案例亦曾放到赋权型性教育讲师群中进行讨论，我也曾将部分回复的咨询初稿发布在"学者方刚"公众号上，进行有奖意见征集。

在以上这些过程中，许多赋权型性教育讲师给了我不同程度的启发，他们的真知灼见被我纳入最后修订的书稿中。这些讲师是：曾冬梅、隋爱玲、鲁丽媛、郝永莉、万水、周君、王弘琦、王奉山、付彦、周传兰、蒋袁莉、张蔚、张群英、钟红梅、潘乐洋林、孙娅婷、沈晓静、梁筠，等等。

全书完稿后，我邀请"出色伙伴"的负责人阿强审阅了书中关于同性恋的部分。

本书关于跨性别的部分，我邀请了"跨儿心理"的创办人、广州跨儿小组的欢喜负责审稿。

　　此外，我还邀请一些赋权型性教育讲师分别审阅了全书的其他内容，张琴琴审阅了三章，徐丽青、潘乐洋林分别审阅了两章，王艺、马文燕、王弘琦、沈晓静、郝永莉、孙娅婷、王锐利、姜玲玲分别审阅了一章。

　　他们虽然是跟随我学习赋权型性教育的学员，但他们还具有心理学、教育学等深厚的知识背景。每位审阅者均提出很多有价值的修订意见。他们的集体智慧，使本书更加完善。

　　在此，对大家表示由衷的感谢。

方刚